「もう
傷つきたくない」
あなたが

執着を手放して「幸せ」になる本

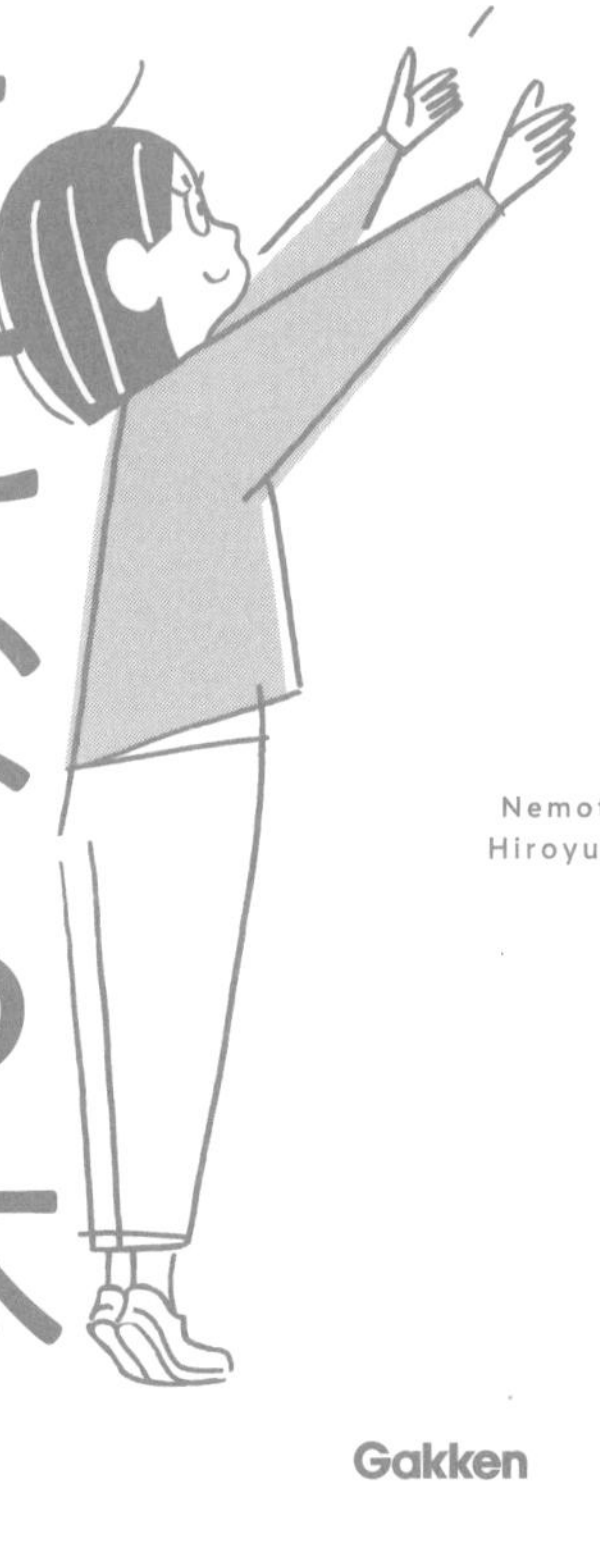

根本裕幸
Nemoto Hiroyuki

Gakken

はじめに

あなたが幸せになれる〝たった1つ〟の方法

心理カウンセラーをしている私のもとには、さまざまな悩みを抱えた人が訪れます。
Aさん「恋をしても、なぜか続かないんです」
Bさん「妻が『あなたはお金に汚い』と怒るので、相談してみようと思って」
Cさん「夫が浮気しています。私は離婚までは考えていないので何とかしたい」
一見バラバラな相談に見えますが、どれも根本は同じ。**人が抱える悩み、その多くは「執着」という心のゆがみが原因なのです。**
先ほどの相談内容を、隠された思いに言い換えてみましょう。
Aさん「以前つき合った人がずっと忘れられない」
Bさん「あの生活苦は二度とごめん。お金さえあれば安心だ」
Cさん「夫と別れて、今の生活を失うのが怖い」
恋愛でも、お金でも、離婚でも、悩みの根本には「手放したくない」という思い、つまり執着があるのです。

あなたが本書を手にしたのも、きっと自分の悩みの奥底にある執着を、なんとなく感じていたからではないでしょうか。

手放しワークで手に入れる本当の幸せ

執着とは、一定の「人」や「もの」あるいは「状況」に心がとらわれ、放れようとしない状態を指します。「どうしても放れられない！」といった強い感情を伴わなくても、窮屈さ、自由のなさ、不安や怖《おそ》れを感じながらも「何かをそのまま」にしているとしたら、あなたはその何かに執着しているかもしれません。

「なら、もう執着しなければいい。元彼のことなんて、さっさと忘れちゃいなさい。今はお金に困っていないんだから、きれいに使えばいいでしょう。浮気した夫なんか捨てて、新しい人生を始めなさいよ」

執着を知らない人は、このように軽く考えがちです。

しかし私のもとを訪れる人は、そんなことは先刻承知で（そして、家族や友人にもさんざんに同様の忠告をされて）、それでも執着を捨てられないでいます。

執着は「ダメなものなんでしょう？　じゃあ捨ててしまおう」と、理屈で捨てられるものではないのです。


私の相談者には、執着しているものに苦しみながらしがみつく人もいますし、執着する自分をどこか心地よく感じている人もいます。自分の執着に気づかずにいる人も少なくありません。さらに、執着する対象も原因もさまざまであり、とても複雑な心理といえます。これらを消し去るには、大きなエネルギーが必要となります。

それでも、執着は絶対にないほうがいい――私はそう断言します。

なぜなら、執着はその人の心から幸福感を奪うから。執着しているかぎり、誰もが人生に幸せを感じられないのです。

執着が、あなたが幸せになることをジャマしているのです。

心理カウンセラーとして、執着で苦しむ人たちを助けたい。もう一度幸福になってもらうために。そして、二度と執着をしないために。

そのために私が考えた方法、それが本書で紹介する「手放しワーク」です。

新しい恋をつかんだAさん

たとえばAさんの場合、「恋が続かない」という悩みを語ってもらうなかで、元彼への思いが、じつは執着であることに気づいてもらうことから始めました。

気づきのあとも、Aさんは言いました。

「でも先生、私は彼を諦めきれないし、この思いを捨てられるとは思えない」

「諦める必要はないし、捨てなくてもかまいません。ただ、手放していきましょう」

そして行ったのが、ネガティブな感情を吐き出す「御恨み帳」、初心の感情を取り戻す「感謝の手紙」、新たな人生への旅立ちを意識する「鎖をほどくイメージワーク」を中心とする手放しワークです。

執着はたった一度のワークでは手放せません。Aさんはときに涙を流し、ときにくじけて自分の心から目を背けながらも、手放しワークを続けました。

その先にある幸せを信じて。

そしてある日ふと、彼女はこう思っている自分に気づいたのです。

「私、彼を愛してよかった。だから、もういい。愛する幸せを教えてくれた彼への感謝の気持ちだけ心に残して、彼への思いは手放してしまおう」

捨てるのでもなく、あきらめるのでもなく、手放す。それができたとき、Ａさんは新しい人生を歩き始めました。

すると、すぐに新たな出会いが彼女に訪れました。そしてそれは、幸せな恋そして結婚へと続きました。あまりのトントン拍子に、以前の彼女を知る人が「信じられない！」と驚いたほどです。

手放しに成功した人は、よくこう言います。

「心がすっと軽くなって、世の中が急に明るく見えてくる」

ポジティブな心で歩き始めた人生は、仕事もプライベートも恋愛も、すべてがくるりと好転します。ずっとつかめないでいた幸せが、今度は向こうから飛び込んでくる——そんなふうに表現する人もいます。

執着をなくすのは大きなエネルギーを使うし、とても困難なものです。でも、私の考えた手放しワークならば、エネルギーは確かにある程度必要ですが、誰でもできますし、そして成功します。

でもそれは、人にもともとその力があるからです。

Aさんのケースも、ワークの間に私が行ったのは、Aさんによりそい、手助けをし、応援しただけ。Aさんは自らの力で手放しを成功させたのです。

あなたが執着を手放せないでいるとしたら、それはあなたが頑《かたく》な性格だからでも、弱い人間だからでもありません。ただ、手放し方を知らないだけ。

手放す力はあなたも持っています。

あなたの前にあるのは「幸せな未来」

心理カウンセラーとして約20年。2万人以上の相談者の悩みと向き合い、執着で苦しむ人たちを手助けするなかでわかったノウハウ――それを本書にすべてつめこみました。

この本を手に取ったあなたが、悩みを克服し、自分らしく生きていけるように応援したいと思っています。
そして、幸せな未来の訪れにわくわくしてくれたら、ほんとうに、ほんとうにうれしく思います。

根本裕幸

「もう傷つきたくない」あなたが執着を手放して「幸せ」になる本　目次

［基本編］手放しワーク

第1章　あなたをとらえる「執着」の罠

第2章 執着に映し出される「感情」

第3章 自分を傷つける「心の癖」を直す

［実践編］手放しワーク

第4章 自分の感情を「優先する」小さなレッスン

第5章 あの人を手放す決意をする

第６章 「御恨み帳」に感情を吐き出す

第7章 感謝の気持ちを伝えて新たなスタートをきる

ブックデザイン　小口翔平+喜來詩織(tobufune)
イラスト　福田玲子
本文DTP　ユニット
校正　乙部美帆
編集協力　松下喜代子

［基本編］
手放しワーク

第1章

あなたをとらえる「執着」の罠

執着を手放すと、仕事もプライベートも恋愛もうまくいく

執着があなたを傷つける

「素敵な恋をしたい」
「家族や友人たちと、いつまでも幸せに暮らしたい」
「周囲に認められるような実績をあげたい」

私たちは誰もが、「私はこんなふうになりたい！」という願望を持っています。そして、それが生きる活力を生み出しています。

ところがその思いがこじれ、困った事態を引き起こす原因になることがあります。

「素敵な恋をしたい」

→「かつての恋人が忘れられなくて、新しい恋が長続きしない」
「家族や友人たちと、いつまでも幸せに暮らしたい」
→「夫／妻／親／子ども／友人との関係がしっくりいかず、イライラする」
「周囲に認められるような実績をあげたい」
→「仕事をどんどんこなしても、疲れるばかりでやりがいを感じられない」

こんなふうになりたい。うんと頑張っているのに、全然うまくいかない。堂々巡りをくり返すか、むしろ悪いほうにばかり向かってしまう。満たされない思いを抱えたまま、もがけばもがくほど心が疲れていく。

そして、あなたひとりが傷ついてしまう。

そんな悲しい状況の背景には、多くの場合、**「執着」という心のゆがみが潜んでいます。**

「こだわり」は喜び、「執着」には苦しみがある

「ものごとに執着するのは『諦めない気持ち』の表れだから、悪いことではないんじゃない？」

そう思った人もいるでしょう。でも、心理学の視点での「執着」は、そういう「諦めない気持ち」といったイメージとは、別のものなのです。

一般に、執着という言葉は、たとえば「この契約を何としてでも勝ち取るために、執着する」とか「甲子園に出るために、目の前の一勝に執着する」という表現で使われますが、心理カウンセリングでは、これを「こだわり」と呼んで、執着とは区別しています。

何らかの目的を果たしたいというこだわりを持つと、前向きに取り組みます。それが達成できればもちろんうれしいし、失敗してどんなに悔しくても、そこには充実感があって、「もう一度トライしてみよう！」という気持ちが生まれます。

つまり、**こだわりには希望も夢もあって、とてもポジティブな状態なのです。**

では、心理カウンセリングで言う執着とは、どんなものでしょうか。

あなたは、ある人物（もの）が気になってたまりません。心のほとんどをそれが占めていて、「絶対に手に入れたい」「絶対に手放したくない」と思い、いろいろな努力を重ねます。

そこには希望も夢も、喜びもありません。心を占めるのは、怖《おそ》れや不安、悲しみ、無価値感など、苦しい感情ばかり。

つまり、こだわりと執着の違いとは、そこに「喜び」があるか、「苦しみ」ばかりを伴うかにあるのです。


こうなりたい。そのための、諦めない気持ち。

それは、こだわりと同じはず。なのに、なぜ執着は苦しいばかりなのでしょうか。

先に答えを言いましょう。

執着が、あなたの「選択肢」を奪っているからです。

幸せになる「選択肢」をたくさん持っておこう

ある女性が私のカウンセリングルームを訪れました。仮に、愛さんと呼びましょう。

愛さんは言います。

「半年前に別れた彼のことが、いまだに忘れられないんです」

彼女の悩みは、新しい恋に向かおうと思うのになかなかその気持ちになれない、というものでした。

話を聞くと、その彼とつき合ったのは2年間くらい。これを聞いて、みなさんは
「さぞ、その2年間はすばらしい恋愛だったのだろう」と考えるかもしれませんが、
愛さんが言うには、

「当時をふり返っても、決して『いい関係だった』とは思えないんです」

でも、彼との恋はもう終わったこと。早く忘れなければ。そう思う愛さんは出会いの場に行くのですが、うまくいきません。

「彼以上の人には、出会えなくて……」

自分はどうしたらいいのか、という相談です。

おわかりでしょうか。

これが「選択肢」が奪われた状態です。

本来なら愛さんは、どんな人とでも新たな恋を始めることができるはず。でも、彼女の心は別れた彼に占められていて、「恋する」という行動や判断の基準が、今なお別れた彼だけにフォーカスされていることに、みなさんは気がついたでしょうか。

「彼以上の人に出会いたい」

この言葉は一見前向きに聞こえますが、愛さんにとって「彼」がベストであって、彼ではない他の人では決して満たされない、という気持ちが隠されています。

愛さんは、別れた彼以外の選択肢を持てなくなっている——別れた彼への執着が、選択肢がない状態を作り出しているのです。

より正確に言うと、「自由ではない状態が執着している」ということです。

執着の罠 1

チャンスを逃す

執着とは、あなたから選択肢を奪い、それ以外のものを目に入らなくさせるもの。執着が強ければ強いほど、あなたは周囲が見えなくなり、その結果、さまざまな問題が生じます。

その1つが、チャンスがどれほど訪れても、取り逃がしてしまうということ。あなたがよりよい方向に変化したいと望んでいるときに、執着が足を引っ張り、可能性の芽を摘んでしまうのです。

たとえば愛さんの場合、素敵な男性が近づいて来ても、「新しい恋をしたい」という発言とは裏腹に、その人にまったく興味が持てません。別れた彼以外の人が目に入らず、「彼じゃなきゃ、ダメ！」と、自分で制限してしまっているからです。

せっかくのチャンスを取り逃がすことになるのです。

別の例を挙げましょう。

元彼だけに意識が向いて、
恋人候補が現れても気がつかない

ある会社員の男性（仮に大輔さんと呼びましょう）は、会社の仕事のかたわら、会計士の勉強をずっと続けていました。そんなとき、ビジネスセミナーで仲よくなった人が会社を立ち上げることになり、大輔さんに誘いをよこしました。

「財務がわかる人材を探しているのだけど、一緒にやってもらえないか？」

いずれ財務畑で起業したいと望んでいた大輔さんは、その話にわくわくします。妻に相談すると、「あなたがやってみたいなら、チャレンジしたほうがいいよ」と背中を押してくれました。

しかし彼は、ひとしきり考えたのち、せっかくの申し出を断ってしまいました。

自分で考え、選択したことです。本来ならば、きっぱり割り切って何も問題は起きないはずです。しかし大輔さんは、その後何年も何年も、その判断を後悔し続けることになったのです。

誘ってくれた方とは、その後もつき合いが続きました。ビジネスをどんどん成長させる話を聞くたびに、大輔さんは自責の念にとらわれたのです。

「あのとき、勇気を出していれば……。なぜ自分はそれができなかったのだろう」

何年経っても、その思いが大輔さんの心をとらえて放しません。

その気持ちがあまりに苦しくて、大輔さんは私のカウンセリングルームを訪れたのです。

一緒にやろうという誘いを受けたとき、わくわく感と同時に、大輔さんの心をとらえたものがありました。それは、とても強い不安です。

過去のできごとを何年も忘れられない

勤めている会社はネームバリューがあり、とても安定しています。新しい道に踏み出して冒険したい気持ちは強いけれど、大輔さんはその安定を捨てる勇気を持てませんでした。

なぜなら彼は、お金にとても苦労する家庭で育ったのです。

彼のチャンスを阻《はば》んだもの、それは経済的安定に対する執着、もっと言えば、「お金」に対する強い執着でした。

もし、あなたが何か新しい一歩を踏み出したいにもかかわらず、なかなか動き出せないならば、大輔さんのように、何かに執着しているのかもしれません。

執着の罠 2

自分の幸せを後回しにしない！

執着が引き起こすもう1つの問題、それは「幸福感を失ってしまう」ということです。

選択肢が奪われるということ、それはあなたの行動がたった1つの選択に縛られ、自由がなくなることを意味します。心からどんどん余裕が失われ、とても苦しくなります。

執着した状態では、たった1つしかない（とあなたが思い込んでいる）選択を失わないようにすることが最優先事項となります。

恋愛を例に、説明しましょう。

「この人以外に、自分を愛してくれる人はいない」

そう思っているとしたら、「その人と一緒にいられる」ことが、あなたのすべてを縛ることになるでしょう。

一緒にいられるんだったら、苦しくてもいい。なんなら愛されなくてもいい。そういった心理状態に陥るのです。

あなたは苦しいだけ。まったく幸せを感じられないのに、「それでいい」と思ってしまう。

すると、どうなるでしょうか。

自分は幸せなのか、快適なのか、喜びを感じているのか。そういったことが、すべて後回しになってしまうのです。

これがいわゆる「こだわり」ならば、プロセスがしんどくても喜びや楽しみがあり、その先に希望を見ています。しかし執着では、夢や希望は見えてきません。

では、恋人が愛情を与えてくれさえすれば、幸せでいられるのでしょうか。

答えは「いいえ」。

執着していると、愛情を受け取れないのです。

なぜなら、心を占めているのは、「その人を失ったらどうしよう」という怖ればかり。それだけに気を取られているため、恋人がどんなに愛情を与えていても、認知できない思考になっているのです。

執着が、喜びや幸せを受け取れない状態にしてしまったのです。

怖ればかりに気を取られているあなたは、恋人にどんどんしがみつくようになり、心の余裕を失っていきます。そうすると、それを「失わないこと」にばかりエネルギーが向いてしまい、肝心の相手の気持ちや状態などは考えられなくなってしまいます。

最も求めているはずの恋人の愛情。なのに、それに気づかない。それが執着が引き起こしたものだと知らない恋人は、そんな姿を見て、こう考えてしまいます。

「自分の愛情を、なぜ信じてくれないんだろう」

その結果、ずっと怖れていたとおりに、ほんとうに恋人の心が離れてしまう。そんなこともあり得るでしょう。

だから、私たち心理カウンセラーはこうアドバイスするのです。

「恋人」に執着して
愛情を受け取れない

「執着を手放してしまいましょう」

手放した瞬間、あなたが今いちばん大事に思っているものは、失われるかもしれません。でも、あなたは今よりずっと自由になり、幸せを感じられるようになるのです。

そして、じつは（詳しくは96ページで説明しますが）、あなたが自分の意思で執着を手放すと、ほんとうに大事なものがあなたの手の中に戻ってくるのです。

まとめ

執着は、本来の「つながり」を壊す原因に。まずはほんとうの「幸せ」を考える癖をつけましょう。

あなたが執着しているものは何？

「～なければならない」は執着のサイン

執着は、愛さんの例のような恋愛関係だけでなく、夫婦、親子、友人など、あらゆる人間関係で起こり得ます。また、大輔さんの例のようなお金や仕事（経済的安定）だけでなく、持ちもの、住まいや土地、さらには健康や時間など、ものや状況に対しても起きるものです。

試しに、次のチェックテストをやってみてください。あなたはものごとについて、このようなとらえ方をしてはいないでしょうか。

執着のチェックテスト	何に執着している？
□ 私をこれほど愛してくれるのは、あの人だけ	恋人
□ お金がないのって、絶対不幸だよね	お金
□ クビになったら、今の生活が成り立たなくなる	会社
□ 車がないと、どこにも行けない	自動車
□「○○が体にいい」と聞くと、試さずにはいられない	健康
□ 私の人生に「バツイチ」なんて、ありえない	結婚
□ 忙しいので、いつも時間に追われている感じだ	時間

一見すると、執着とは関係なく、意外に思えるかもしれません。ですが、それぞれ「こうなりたい」ではなく、「こうでなければならない」、あるいは「こうであっては困る」という強い束縛が表現されているのが、おわかりでしょうか。

人やものに気持ちが強くとらわれ、窮屈な考え方に自らを追い込んでしまっている、そんなイメージです。

どうにも気になるものがある。これは、人間心理としてはよくあることです。しかし、それに思いを寄せる際、同時に窮屈な感覚を覚えているとしたら、あるいは、何者かに追いつめられるような焦燥感が消えないとしたら、あなたはその何かに執着しているのかもしれません。

パターン1

極端に突き放す執着

執着にさまざまな「対象」があるように、執着が引き起こす行動にも、さまざまなかたちがあります。では、執着をすると、どのような行動をとるのか、実際にあったケースをもとに見ていきましょう。

事例

金銭感覚の違いで離婚の危機！
――ケチケチ・散財期間を交互にくり返すのは、なぜ？

誠さん

誠さん（仮名）は、節制して貯金にはげむ「ケチケチ期間」と、パーッと使う「散財期間」をくり返しています。就職したてのころはもっぱらケチケチ期間で、たとえば外食の誘いはみな断り自炊で質素に済ませていましたが、お金がある程度貯まったころから散財期間が加わり、急に高いスーツを購入したり、恋人に高額なプレゼントを贈ったりしたそうです。今はヘッドハンティングされて給料も上がりましたが、部下を飲みに連れて行って全額おごったかと思うと、生活費をケチケチに切り詰めるという行動パターンは以前のままです。

誠さんは現在結婚していますが、家計を妻に任せる気持ちになれず、自分で管理しています。しかし、ケチケチ期間に入ると必要な支出さえ制限する一方、散財期間に入ると突然「外食に行こう」と言い出して高級な店へ行くという状態で、当然ながら奥さんは不満たらたらです。

「どうしてあなたは、お金の使い方が極端なの！」

誠さんはお金の使い方を見直すため、ファイナンシャルプランナーに相談したこともあるのですが、資産運用や家計管理の方法論が知識として増えるばかりで、行動パターンは変えられません。

お金のことで夫婦喧嘩《げんか》が絶えず、ついには「離婚する・しない」に及ぶようになり、奥さんのすすめで私のもとを訪れたのです。

誠さんが執着する対象はズバリ「お金」ですが、そこには「散財」という行動も引き起こされています。執着と言うと、その対象に「しがみつく・囲い込む」という行動ばかりと思うかもしれませんが、「極端な突き放しや無視」といったかたちで表出することもあるのです。

ちなみに、誠さんのケチケチと散財をくり返す行動パターンは、両親から受け継いだものです。お金に対する思い込み（観念と言います）はほとんどの場合、子どものころに両親がどうお金と関わっていたかがモデルになっているのです。

誠さんの場合、父親は町工場の社長で面倒見がいい親分肌。人助けや他人を楽しませるためなら、ポンとお金を出してしまうタイプです。一方、母親は工場の経理担当で、無計画にお金を使う父親への文句をこぼしつつ、厳しい経営を乗り切ってきたやりくり上手です。誠さんはそんな両親を尊敬していて、教育費で親に負担をかけないよう奨学金で大学を出た孝行息子なのです。

「ご両親のお金づき合いを、それぞれ受け継いだみたいですね」

そう私が指摘すると、誠さんは苦笑いして言いました。

「確かに。父と母が交互に出てくる感じですよ」

誠さんの例のように、執着がどう行動に現れるかはその人しだいなので、「私は、何かをむやみに追いかけたりしていないから」といって、執着がないとは言い切れません。

パターン 2

複数のことがらへの執着

執着は、その対象が「1つ」であるとはかぎりません。

たとえば、こんな方がいました。

事例

浮気した夫のことが許せない！

——でも離婚して、今の生活を失うのが怖い

裕子さん

つらい恋愛ばかりしていた裕子さん（仮名）は、幸せを感じられる男性とようやく出会い、結婚しました。

新しい住まいは、夫の実家の近くです。義父母はとてもいい人で温かく接してくれますし、夫は優しく、裕子さんのことを第一に考えてくれます。裕子さんは子どもに無関心な両親のもとで寂しい思いを抱えながら育ちましたから、毎日がとても幸せでした。

ところが結婚8年目、夫が別の女性をつくり、裕子さんとの離婚を考えていることを聞かされたのです。

あまりの衝撃に精神的に不安定になった裕子さんは、さまざまなカウンセリングを受けますが、どこでも離婚をすすめられます。

「このまま無理に夫婦であり続けても、あなたが傷つくばかりですよ」と。

しかし納得がいかない裕子さんは、復縁を叶《かな》えてくれそうなカウンセラーを探し歩いたすえ、私のもとを訪れたのです。

「絶対に、離婚はしたくないんです」

私のセッションでも、裕子さんは当初そう言い続けました。

彼女の執着の対象は、夫だけではありませんでした。

裕子さんは思いあまって、義父母にこの件を相談したそうです。息子の行状《ぎょうじょう》に驚き何度も謝る義父母は、こうも言ってくれました。

「できることなら、息子を勘当して、あなたをうちの娘として迎えたいくらいだ」

「うちには娘がいないし、あなたをほんとうの娘のように思っているの」

実の両親よりずっと優しいこの義父母にも、裕子さんは強く執着していました。離婚で義父母と疎遠になってしまうことを、裕子さんはとても怖れているのです。

そして、優しい義父母の住む家の近くに建てた家。それは裕子さんが理想とする間取りで、家財も気に入って購入したものばかりでした。離婚してその家から出なければならなくなることも、裕子さんには耐えられないものでした。

裕子さんの執着は、夫だけでなく、その父母、そして住まいにも向けられていました。

ただし、その根っこは1つ。

この根っこを見つけてどうにかしないと、執着は対象を変えて続くことになるのです。

悩みごとの根源を突き止めよう

パターン3
苦手なものへの執着

執着は、大切なもの、好きなものばかりを対象とするとはかぎりません。
たとえば、こんな方がいました。

事例

友人からの誘いを断れない！
――人づき合いに疲れて人間関係にストレスを感じる

彩さん

会社員の彩さん（仮名）は、本人が「周囲から見れば、私はリア充だと思うんです」と言うとおり、職場の人間関係にも恵まれ、友人も多く、充実した日々を送っています。しかし最近、良好なはずの人間関係に疲れることが多くなり、どうしたらいいのかと私のもとを訪れました。
彩さんは基本的につき合いがよく、誘われたら、別の用事がないかぎりは断ることがありません。ただ本人は、そんな自分のことを、「『いい人』をやっている」と表現するのです。

そういう彩さんの人柄のよさを慕って、「相談にのってほしい」と言ってくる友人もいて、断らずにつき合うと、何時間も相手のグチをひたすら聞かされるわけです。

「正直、しんどい」と話す彩さんに、私はこう言いました。

「気の乗らない誘いは、断ってもいいいんじゃない？」

すると、彩さんは困った顔をして、

「……でも、以前からの友人だし」

断ると、もう次からは、誘ってもらえないのではないか。

それが不安だと、彩さんは言います。

彩さんは、グチってばかりの友人を「うっとうしい存在だ」と認識しています。にもかかわらず、誘いを断れないままに、グチにつき合い続けています。

まさに「**自由でない状態に執着してしまっている**」かたちであり、それが心のしんどさにつながっているわけです。
不快な人やものに執着するケースは、好きなものに執着する場合よりも数多く起こっているのです。

パターン4 隠された執着

また、執着の対象が隠れていて、その対象とは一見関係のない行動へと、あなたを駆り立てることもあります。
たとえば、こんな方がいました。

事例

不倫の関係をやめたいのにやめられない！
――どうしたら彼を忘れられる？

麻衣さん

麻衣さん（仮名）は、会社の上司と不倫の恋愛関係にあります。本人曰く、

「ずるずると、先の見えない関係を続けてしまっているんです。デートの日は会う場所もセックスも、ずっと同じことのくり返し」

心が疲弊して、私のもとを訪れたのです。

麻衣さんは以前、既婚の同僚と不倫の恋に落ちました。その彼は麻衣さんとの結婚を口にしたそうですが、関係が続くうちに、麻衣さんは「この人はどうせ、奥さんとは別れないのだ」と思うに至りました。彼と別れたあと、今度は上司とそういう関係となり、これが5年間続いています。

麻衣さんには結婚したい気持ちはあって、今の自分を「ほんとうに何してんだろう」と、客観的に見る冷静さもあります。なぜ、不倫という、出口が見えない不毛な恋愛をくり返すのでしょうか。

じつは麻衣さんは、別のある人に強く執着していたのです。

それは、麻衣さんから家族の話を聞いたときに確信できました。

麻衣さんは両親から結婚をすすめられたことがなく、「いい人がいたら結婚しなさい」と、ごくたまに言われるぐらい。不倫の恋愛については、父親は知らないものの、母親は知っているのだと麻衣さんは言いました。

というよりも、麻衣さんが自らすすんで、不倫関係の相手のことを母親に話しているのです。

なるほど、と私は思いました。

「麻衣さんは、お母さんを置いて結婚することを申し訳なく思ってはいませんか」

「ええ。それは自分でもうすうす気づいていました。母は体が弱いですし、これから年を取っていきますし」

母親は体が弱く、昔はよく寝込んだそうです。麻衣さんが小学校から帰ると母親のベッドのそばでいろんな話をする——子どものころの思い出というと、そのシーンがまず浮かぶのだそうです。

「父は医師なので忙しく、趣味人で休日は出かけてばかり。私が嫁《とつ》いだら、母は寂しいんじゃないかな。私が結婚して家を出たら、どうなるんだろう」

ここまで読めば、おわかりでしょう。

麻衣さんが執着しているのは「母親」なのです。

麻衣さんは一時ひとり暮らしをしたものの、今は実家で暮らしています。母親とは一緒に買い物をしたり温泉に泊まりに行くなどし、近所から「いいわね、仲のよい親子で」と言われるそうです。

母親と仲がよいのは素敵なことですが、よすぎると問題が生じます。母親への強い愛情が執着となって、麻衣さんを不倫の恋愛へ向かわせてしまっているわけです。

なぜなら、不倫ならば麻衣さんは結婚しないで済み、母親と今までどおり仲よく暮らせますから。

その傍証《ぼうしょう》というか、麻衣さんはこれまで婚活をしてそれなりの数の男性と会っているそうですが、ときどき「いいな」と思う人がいると、それは転勤の多い商社勤めの人だったり、いずれは地方の実家に帰る予定の人だったり……。

「この人と結婚したら、母親を置いていくことになるから、だめだわ」

そういう答えが、麻衣さんの心の中にあらかじめ用意されているかのようです。

麻衣さんは婚活の相手のことも母親に話すのですが、

「商社って、いいじゃない。海外にも行けるんでしょう」

母親に執着していると
恋人よりも母親の優先順位が高くなる

母親は背中を押す言葉を言ってくれるものの、麻衣さんが見るところ、どこか寂しそうだそうです。つまり母親も麻衣さんに執着しており、おたがいに執着し合う「癒着」という状態になっているのです。

麻衣さん母娘《おやこ》の場合、体の弱い母親を健康な麻衣さんがサポートし、仕事で多忙な麻衣さんを家事上手な母親がフォローするというように、弱点を補う状態にあります。このようにぴったりはまる関係は、とくに癒着しやすいのです。

麻衣さんは心理的に見れば母親と結婚しているようなもので、男性との不倫はW不倫と言えるのです。

パターン5

ぶり返す執着

また執着は、時と場所を超えて、まるで「ぶり返す」ようにあなたの行動を支配してしまうこともあります。

たとえば、こんな人がいました。

事例

「ちゃんとしなさい！」のんびり屋の娘をつい叱ってしまう

美咲さん

美咲さん（仮名）には、8歳と5歳になる娘がいます。独身時代からの仕事を今も続けていて、働くママとして、多忙ながらも充実した毎日です。ただ、共働きなのに夫が家事育児をあまり分担しないなど、少し夫婦関係がぎくしゃくしており、ストレスをためています。

そのせいでしょうか、美咲さんは娘たちを感情的に怒ってしまうことが増えてきたのです。

とくにイライラしてしまうのが、上の娘。のんびりしたマイペース屋さんで、「宿題をすぐにやらないし、やっても集中力が続かないし。ご飯を食べるのが遅くて、朝なんか『遅刻しないか』と焦るし。あと、かたづけをしないんです」

どうやらこういったことが美咲さんには我慢ができないらしく、ついつい口うるさく叱ってしまいます。

そうこうしていたある日、美咲さんは娘の不審な行動に気づきました。何かをしようとするたび、美咲さんのほうをちらっと見るのです。

あたかも、「こうすれば、ママは怒らないかな」と確認するように。

「えっ。私、娘たちに顔色をうかがわれているの……？」

これはまずい。

そう思った美咲さんは、イライラする心を抑えようと、カウンセリングを受けることにしたのです。

発達の差はありますが、子どもは小学校の中学年程度から高度な思考力が身につき、自我や個性が複雑になります。母親にとっては、「自分の分身」のように理解できたわが子が「見知らぬ他人」に変貌していくわけで、心に葛藤が生じます。これをうまく乗り切れば問題ないのですが、そうでないと子離れできずに（つまりは子どもへの執着です）、子どもをダメにする「モンスター親」になりかねません。

美咲さんの上の娘は8歳で、変化する年齢にさしかかったころ。ここで気づいて、自分から心理カウンセリングを受けようと行動に出たのですから、美咲さんは自分が思っているよりすばらしい母親です。

ただ、子どもへの執着以外に、美咲さんにはもう1つ執着の対象がありました。それは美咲さん自身の「母親」です。

美咲さんがのんびり屋さんの長女にイライラするのは、自分自身が「ちゃんとしなきゃ」と頑張るタイプだから。この性格は、美咲さんの母親がとても厳しい教育ママだったことに起因していました。

子どものころからその母親の言うとおりに生きてきて、今、そういう自分とは異なるタイプの娘と向き合うことになり、美咲さんは混乱しているのです。

美咲さんの母親は、姑《しゅうとめ》つまり美咲さんの父方の祖母との関係がよくありませんでした。地方から知り合いのいない東京に嫁いで来たそうで、周囲に相談したりグチをこぼしたりできる人がなく、強い孤独感もあったようです。

自分ひとりで頑張らなきゃ。姑にはいろいろ言われたくない。

母親のそういうかたちの執着が「厳しい教育ママ」という行動をとらせ、その矛先が娘である美咲さんに向かったわけです。

そして今、**美咲さんの行動は、鏡のように母親のかつての姿を映しているのです。**

この5つのお話は特別な事例ではありません。多かれ少なかれ私たちの中にあるパターンだと思ったほうがよいでしょう。

まとめ

自分自身が執着しやすいタイプか、何に執着しているかを確認してみましょう。

［基本編］
手放しワーク

第2章

執着に映し出される「感情」

「人」「もの」を手放すだけでは解決しません！

「感情」を手放すとき執着も消える

前章で説明したように、執着はあらゆる人やものを対象とします。では、それらを手放せば執着がなくなるのかといえば、じつはそうではありません。

なぜなら、執着しているのは人やものなのではなく、それに映し出されている「感情」だからです。

執着しているのは、「人やもの」に対してではなく、「感情」である。これは、いったいどういうことでしょうか。これまでに挙げた事例で説明しましょう。

たとえば、別れた恋人が忘れられない愛さんの例ですが、元彼について、こうも言っていたのを覚えているでしょうか。

「当時をふり返っても、決して『いい関係だった』とは思えない」

愛さんは、元彼を愛しつつも、その不実な態度にずっと不信感を抱いていたのです。

また、お金に執着している誠さんの例では、「もしお金がなくなったら大変」という不安があるからこそ、できるだけお金を使わないでおこうというケチケチ期間と、「お金さえあれば、どうとでもなる」と確認しないではいられない散財期間をくり返しているのです。

このように、**執着が生じる背後には必ず「強い感情」が存在しており、多くの場合ネガティブです。**

もちろんどんな人も、恋人と別れれば喪失感を味わいますし、お金のありがたさを知ればなくなった場合の不安を覚えます。しかしその感情があまりに強く、心が処理できないでいると、その感情にとらわれたままの状態、つまりは執着が生じます。

人やものへの執着は、そういった感情の表れです。

執着の対象となっている人やものには、処理できなかった感情をどうにかしようとあがいている心の様が映し出されているのです。

断捨離してもくしゃくしゃの部屋に逆戻り！

ですから、単に人やものを遠ざけても、その感情も同時に手放さなければ、執着は決してなくなりません。

その好例として、「汚部屋」を挙げましょう。自分の住む部屋がものでいっぱいになってしまった女性の話です。

萌さん（仮名）は買い物が好きで、気に入ったものはすぐ手に入れないと気が済まないタイプ。ですが、本人称するところ「かたづけられない女」でもあるので、買ったものであふれる部屋はしだいに掃除もままならなくなり、どんどん汚くなってしまいました。

そこへ到来したのが、いわゆる断捨離ブームです。不要なものやことがらを断ち、捨て、離せば、人生はもっと豊かになるという考え方です。

萌さんも、思い切って断捨離をすることにしました。

「そのときは、ずいぶん葛藤したんじゃない？」

私がそう尋ねると、萌さんは大きくうなずきましたが、

「でも、スッキリした生活にはあこがれがあったので、かなり頑張って、今まで買ったものはばっさり捨てて、部屋を整理しました」

その頑張りの甲斐もあって、部屋はかたづき、萌さんはスッキリと快適な部屋で過ごし始めたのですが……。


そもそも、萌さんはなぜ、そんなにもものを買いたがったのでしょうか。

じつは萌さんは、身の回りにものがあると、とても安心するのです。つまりは、**ものがあることで得られる「安心感」に執着していたのです。**

部屋からものを断捨離しても、その「ものがあると安心する」という感情は、断つことも捨てることも離すことも、萌さんはできていませんでした。

数か月後、萌さんの住む部屋がどうなったか。みなさんも想像に難《かた》くないでしょう。

そのとおり。彼女の部屋は、以前よりももっともっと、ものであふれ返っていたのです。

人やものに執着しているようでいて、それらの背後にある感情に執着しているのです。

ですから、いくら人やものをどうにかしても、感情がそのままでは、状況は変わらないか、萌さんのように悪化するケースも珍しくありません。感情をケアしてあげることにより、人やものへの執着も薄れていくわけです（むろん、人やものを手放すことで、その感情を一緒に手放せるというケースもあります）。

何かに執着していることに気づいたら、まずは、その対象に映し出されている感情を見つめることが、とても大事なのです。

「感情」をケアしないと状況は変わらない

では、執着を引き起こす感情には、どんなものがあるでしょうか。次のチェックシートは、ネガティブな思考パターンの一例です。あなたの心の中に、このような思いはありませんか。

- □ 私は誰からも愛されないような気がする。
- □ 私は魅力的ではないから、頑張らないと愛を手に入れられない。
- □ 私なんかを好きになってくれる人はいない。
- □ はじめはよくても、相手の心がだんだん離れていくように思う。
- □ 私よりも素敵な人はたくさんいる。
- □ 私と一緒にいると、相手は不幸になってしまう。
- □ 私は相手に迷惑をかけてしまう。
- □ 私とつき合う人は浮気する。
- □ 私はいずれ見捨てられてひとりぼっちになる。
- □ 私には愛される資格がないので、ずっと孤独のままでいい。
- □ 私はあまり役に立つ存在ではない。

処理しきれなかったネガティブな感情は、すべてが執着の引き金になる可能性があるのです。次項から私がセッション（カウンセリング）で出会ったケースを紹介しましょう。

まとめ

人やものを手放すだけでは解決できません。
執着に映し出される感情をケアするのが重要！

ネガティブな感情が執着をまねく

パターン1

身近なものへの執着——怖れと不安

汚部屋の萌さんのように、身近な人やものに執着する人は少なくありません。そのようなケースに必ずあると言っていい感情、それは「怖《おそ》れと不安」です。

・将来への不安から、貯金に執着する人。
・恋人を失う怖れから、恋人に執着する人。
・仕事を失う怖れから、今の職場に執着する人。
・孤立する不安から、周囲に合わせ場の空気を読むことに執着する人。
・あるいは、そのような不安から目をそらすために、買い物やお酒に執着する人。

怖れや不安は、私たちが最も嫌う感情の1つです。だから、執着してでも、怖れや不安を回避しようとするのです。

もちろん、生きている以上は、何かへの怖れや不安は感じないではいられないものです。しかし、なかには「安心したい」という欲求をふつうよりずっと強く持つ人もいて、安心感を得られるもの、つまり、怖れや不安を回避できるものに執着するようになるのです。

先ほど紹介した「貯金」「恋人」「仕事」「人間関係」は怖れの対象であると同時に、「あれば安心」という対象でもあり、**不安と安心感は表裏一体です。**

以前に紹介した、離婚を決断できない裕子さんの事例で考えてみましょう。

愛を確かめ合って結婚した夫と、優しい義父母の近所で、住み心地のいい家で暮らすことは、実の両親の愛が薄く、つらい恋愛も多かった裕子さんには、これまでにない安心感をもたらす「居場所」となりました。

しかしそれは同時に、「これを失ったら、私はまた、『誰にも愛されない存在』に戻ってしまう」という強い怖れを裏側に秘めていました。

このため、夫の浮気と離婚という危機に直面したそのとき、一気に執着へと向かったのです。

パターン2 怒りへの執着——自分を否定された痛み

夫の浮気が契機となった執着でも、裕子さんとは別の感情が映し出されるケースもあります。

恵さん（仮名）がはじめて私のセッションに訪れたとき、開口一番、こう言いました。

「浮気した夫が、許せないんです」

堰《せき》を切ったように話し始めたのは、浮気をした夫への恨みつらみと、裏切られた自分がどれほどのショックを感じたかについてでした。

聞けば、浮気が発覚したのは2年前で、夫は反省し、相手との関係はその時点で終わったのだそうです。でも恵さんはその後の2年間ずっと、怒りの炎を燃やし続けているのです。

裏切り、傷心、攻撃、あるいは何らかの被害に遭った場合、私たちは怒りや憎しみ、恨みつらみを感じます。その感情はとてもインパクトがあり、心にずっととどまりやすいものです。

もちろん恵さんは、夫の反省を受け入れなかったわけではありません。

「もう水に流そう。夫は反省し、前にも増してよい夫になってくれたのだから」

にもかかわらず、恵さんは2年前のできごとを忘れることができません。何かの拍子に思いがフラッシュバックし、そのたびに夫を責めてしまうのです。

「こんなに責めていたら、また浮気されてしまうかもしれない。頭ではそれがわかっているのに、怒りが止められないんです」

そして、怒り続けることに疲れてしまい、私のもとを訪れたのです。

怒りに執着する恵さんが持つ感情は、恨みや憎しみのさらに奥に、女性としての自分を全否定された痛みがありました。

「夫に一生懸命尽くした自分が、なんだかバカみたいに思えて」

恵さんは、そう何度も口にしました。

自分の存在を否定されたとき、その人の心には、屈辱感、不信感、絶望などといった感情が混在して渦巻きます。それはあまりに圧倒的なもので、対処するのはとても困難です。

恵さんが怒りを持ち続ける背景には、自分の存在を否定された痛みが影響しているのです。

怒りや憎しみ、恨みつらみの感情の奥には、必ず心の痛みがあります。

心理学では、怒りの感情のことを「ほんとうの感情を隠すための蓋」と表現します。今も心が痛み続けているために、恵さんはその痛みを覆い隠し、感じなくしようとして、怒りに執着し続けているのです。

パターン3

現状への執着──変化への恐怖

夫婦問題のカウンセリングでは、次のような相談がよくあります。

「夫から離婚を切り出されたのですが、私は離婚したくないんです」

一見したところ、夫への愛情があって関係を継続していきたいかのように思えます。しかしよくよく聞くと、事情が異なるケースも少なくありません。

「ご主人をほんとうに愛していらっしゃるのですね」

そう聞くと、答えは「いいえ」。

どうやら愛情はだいぶ冷めていて、たとえ離婚が回避されたとしても、夫婦関係を修復するモチベーションがあるように見えません。

同じケースが、転職の相談でもあります。

「転職したいのだけど、なかなか踏ん切りがつきません」

その方に、「現在の仕事に心残りがあるのですか」と聞くと、やはり答えは「いいえ」。

なぜ転職したいかというと「今の仕事を続けていく意味を感じられない」という思いからなのですが、踏ん切りがつかないのは、名のとおった会社なのでそのブランドを手放すのが残念に思えたり、人間関係がよくその居心地を失いたくないと思っていたり。だから、仕事そのものには未練はないのです。

他にも、「彼との恋には未練はないけれど、ひとりになるのは怖い」とか、「習いごとの先生とうまくいかなくてやめたいけれど、頑張って取った資格がもったいない」というケースもよく見受けられます。

こういうケースでは、たとえば離婚したくない妻は、夫ではなく「既婚者」という立場に執着していますし、転職に踏み切れない人は、仕事ではなく「会社」という居場所に執着しています。

なぜかというと、自分の人生に大きな変化が起きることに、大きな抵抗を感じているからです。

進学や結婚、就職や転職など、人生を大きく変えるイベントでは、新たな環境に慣れるまでに大きなエネルギーが必要になります。こういったイベントは誰もが経験してきていますが、なかには変化へ対応するたびに、心身を非常に消耗させてしまう人もいます。

今がどれほど不快でも、未来にどれほどの幸福や解放感が待っていても、変化を乗り越えることを怖れ、現状に執着してしまうのです。

「あなたが失いたくないのは、ご主人ではなく、結婚のほうですね」

私の言葉に「え、どういうこと？」という顔をする方も、このように説明を続けると、うなずいてくれます。

「なるほど。……確かにそうかもしれません」

じつは、この「なるほど。確かに」が、執着を手放すプロセスで重要です。自分の執着のほんとうの姿、ほんとうの感情を知ることで、はじめて執着を手放す準備ができるからです。

パターン 4

過去への執着
——モニュメント（過去の栄光）と仮定法

ある芸人さんで、かつてプロボクシングでランキング1位だった人がいます。この人が、ある取材でこんなことを話していました。

「1位になれたとき、自分はこう思たんですわ。『俺はこのままだと、ずっとボクシングを引きずって生きてまう』。それで、まったく違う世界に行こう思たんです」

それでプロボクシングを引退し、芸人の世界に飛び込んだそうです。心理学的に見て、この選択はかなり心がタフでないとできることではありません。

なぜなら、人は過去の成功体験をなかなか手放せないからです。

過去の成功体験で得た栄光のことを、心理学では「モニュメント」（記念碑）と呼びます。その成功が華々しいほどモニュメントは大きく、その後の人生を縛られてしまいます。

「私には、それほどの栄光と思えるような経験はないから」

そういうみなさん自身も、次のような話に共感するのではないでしょうか。

「20歳のころは一晩くらい徹夜しても平気だったけど、30代になった今は全然ダメ」
（資格試験にチャレンジする会社員）

「昔は何をしなくても男の人が来てくれたものだから、今になって、自分からどうアプローチしたらいいのかがわからない」
（婚活中の女性）

「好景気のころは商品を持ち込めば注文が来たのに、今はノルマを達成できない」
（営業職の会社員）

モニュメントにとらわれていると、自分の現状を客観視できなくなります。たとえば「最後に徹夜でやれば十分間に合う」と思って、必要な勉強を終えられずに試験日を迎えたりするわけです。

モニュメントは成功体験に基づいていますが、なかには失敗した体験、つまり手が届くところにあったにもかかわらず、何らかの要因で「手に入らなかったもの」にも、執着してしまうことがあります。

「あのとき告白していれば、つき合えたかもしれないのに……」

「もう少し頑張って勉強していれば、志望校に入れたかもしれないのに……」

同様に、過去に「失ったもの」への執着も、しばしば生じるものです。

「もっと彼女に優しくしていたら、ふられなかったのに……」

後悔とともにそのものを惜しがる気持ちは、誰もが味わうものです。たとえばこんな感じです。

「あの服、捨てなきゃよかった。今年また流行しているのに……」

ですが、「もし○○だったら、××だったのに」と仮定法で考えてばかりいると、惜しがる気持ちが執着へと変わってしまいます。

そもそも仮定とは、過去にせよ未来にせよ、今の現実にはないことを言うもの。「もし〇〇だったら、××だったのに」の「〇〇」部分にも「××」部分にも、どんなことがらでも入れられます。

あなたは「〇〇」と「××」に入ることを、無限に想像できます。後悔が大きいほど、それは切実な内容になり、さらなる後悔を引き出すのです。あなたは国語力を使って、自分を苦しめる仮定をし続けてしまうのです。

より客観的に見直せば、あなたは過去をこう考えることもできるはずです。

「告白したって、つき合えたかどうかわからない。だいいち、あのときの自分に告白ができたかな。うん、そんな勇気、なかったよ」

「『もっと頑張っていれば』って言うけど、思い返せば、あれ以上は頑張れなかったな」

「『優しくしていれば』と言っても、あのころの自分は精神的に幼くて、優しさとかを考える余裕がなかったわけだし」

しかし、そういう発想を頭から閉め出すのが、執着です。まるで自分を責めるかのように仮定法で後悔を広げているケースは、少なくないのではないでしょうか。

パターン 5

嫉妬への執着――自信のなさと自己嫌悪

「嫉妬深い性格を何とかしたい」

私のセッションルームに来た遙さん（仮名）は、こう訴えました。

「恋人の交遊関係に嫉妬するんですか？」

「彼に対してもですが、会社の同僚や友人にもです。私、いろんな人に嫉妬してしまうんです」

職場恋愛の彼が会社で他の女性と親しくしていると、嫌みっぽく「私より、あの子がいいんでしょ」。

友人の結婚が決まったと聞くと、悲しくて「私なんて、いつ結婚できるかわからないし」。

同僚が上司からほめられると、卑屈に「私よりも、あの子の能力を評価してるんだ」。

あげくに、たまたまカフェで隣の席にいた女性たちの笑い声を聞いて、うらやましくて「私なんて、つまんない人生だよ」。

「う〜ん。まるで、『嫉妬の塊』が服を着て歩いているみたいですね」

私が笑って言うと、遥さんは自慢げに答えました。

「そうなんです。私って、いつでもどこでも、嫉妬しているんですよ！」


嫉妬に執着する心を分析すると、そこには必ずと言っていいほど、**「自信のない自分」と、「そんな自分が大嫌いな自分」が現れます。**

遥さんの場合は、女性として彼に愛される自信がなく、妻の第一候補として彼にアプローチする自信もなく、職業人としての自信がなく、明るく生きているという自信もなく、そんな自分を嫌っていたのです。

何かにつけて、「どうせ私なんて」と言う遥さん。自己嫌悪が強く、自分を自ら否定しているときに、私たちはついそんな言葉を発してしまうものです。

しかし**嫉妬とは、怒りと同じくらい大きなパワーが必要な感情です。**そこまでのエネルギーを費やして嫉妬するのは、彼のことを大好きだからです。また、幸せな結婚をしようと思うからであり、仕事を一生懸命頑張っているからですし、みんなと明るく接して人間としてもっと輝こうと願っているからこそです。

遙さんは、ほんとうはいつも、ポジティブなことへ向かおうとしているわけです。それは、まさに長所です。**嫉妬する心の裏には、長所や価値、魅力が隠れているものなのです。**

パターン6 「ダメな自分」への執着——無価値感

遙さんの自信のなさは、他人と比較しては嫉妬するというかたちに現れましたが、世の中には、他人がどうかなどとは関係なく、絶対的に自分に自信を持てない人もいます。

佳奈さん（仮名）もそんなひとり。彼女は素直で他人を思いやる人柄ですし、学歴は一流、勤め先は誰もが知る上場企業と、優秀な面がとても多いのに、何に対しても自信を持てません。

一流企業に勤めていることを評価されれば、「内定をもらえたのは、たまたま。自分の実力ではないんです」。

しっかり業務をこなしている点を評価されれば、「まわりの人に迷惑をかけてばかりで、まったく戦力になっていません」。

このように、否定的な言葉ばかり口をついて出ます。

客観的に見れば自信を持っていいはずなのに、佳奈さんの心は自分の価値を見出せず、いつも劣等感を感じ続けているのです。

このように、「自分には価値がない」と思う感情のことを、「無価値感」と言います。

無価値感が強いことで、佳奈さんはどこに行っても、人に対して引け目を感じています。

無価値感を持ち続けるのは苦しいものです。にもかかわらず抜け出せないのは、「ダメな自分」に執着しているからです。


でも、いったいなぜ「ダメな自分」に執着してしまうのでしょう。

佳奈さんは、厳しい両親のもとで育ちました。親の期待に応えるべくずっと頑張ってきた彼女は、みごと一流の大学に入りました。

両親は、そんな佳奈さんをほめたでしょうか。

いいえ、さらに高い課題を彼女に課し、大学にふさわしい一流企業に入ることを期待したのです。もちろん頑張り屋さんの彼女は、その期待に応えるべく勉学に励み、両親が望むような企業に入りました。

両親は、そんな佳奈さんをほめたでしょうか。

いいえ、今度は「会社でもっと役に立つ人材になりなさい」「幹部を目指そう」と言うのです。

そもそも彼女が頑張ってきたのは、期待に応えて両親を喜ばせたいからです。でもどれだけ頑張っても、両親は喜ぶどころか、認めてさえくれません。

頑張りを無視され、成果を否定され、「今のままではダメだ」「もっと頑張れ」と、鞭《むち》を打たれるように育った佳奈さん。彼女には、自分のダメなところ、足りないところ、劣っているところばかりに目を向ける癖がついてしまいました。

それは、両親が佳奈さんを見る視線、と言ってもいいかもしれません。佳奈さんは、自分を否定することしかできなくなっていたのです。

両親が認めてくれるまでは、自分を認められない。それが、佳奈さんの執着です。

彼女は自分のすばらしさを一切認めず、「自分はダメな人間だ」と思い続けています。いつか、両親が認めてくれるまで。

佳奈さんが欲しいのは両親の評価ですから、他の人がどれほど彼女を認めてくれたとしても、彼女の心は動きません。

このように**無価値感が強いときには、あなたを認め、愛してくれる人がもし現れたとしても、その気持ちを受け取ることはできません。**

「自分を認めてくれる人、愛してくれる人なんて、いない」

そういう思い込みも強いですから、仮に誰かが愛を示してくれても、それを信じられないのです。

両親が認めてくれないのは、まだまだ自分がダメだから。
両親が認めてくれるまでは、ダメな自分でい続けるのだ、私は。

こうして佳奈さんは、「ダメな自分」への執着から抜け出せないでいるのです。

パターン 7

クズ男への執着――心の癖

性格に難ありの異性とばかりつき合うケースも、執着がからんでいることが少なくありません。

葵さん（仮名）はいつも、自分だけが我慢する恋をしてきました。

ある時期の恋人は嘘つきで、同時に何人もの女性とつき合っていました。別の彼は冷たく、自分の気分が向いたときにだけ会いに来る人でした。別の彼は彼女の肉体にだけ興味があるようで、遊びや食事に行くのはもちろん、会ったときの会話さえほとんどありませんでした。

「そんな男、やめなよ。なんで我慢してつき合っているの！」

友人からも散々に言われますが、そんなことは葵さんだってわかっているのです。

「私のことを大切にしてくれて、ちゃんと愛してくれる人がいい」

葵さんは恋が終わるたびに、「次の恋では、もう我慢はしたくない」と望みます。

しかしそう思えば思うほど、いい人は現れず、葵さんはまた、浮気男や体だけ求めるような男、つまりクズな男との恋愛に向かってしまうのです。

ものの感じ方、受け取り方、考え方には、人それぞれのパターンがあります。「心の癖」とでも言えばいいでしょうか。

葵さんは、男性に対すると「気後れ」をしてしまう心の癖があり、それが「自分の意思をとおさず、我慢をする」という行動として現れます。恋愛という一対一の関係でそうなると、ずるい男性につけいられ、都合のいい女にされてしまうのです。

とはいえ、つき合うのが人柄のいい男性ならば、葵さんの心の癖につけいることはないでしょう。葵さんがずるいクズ男に引っかかってしまうのは、もう1つ、過去の恋愛の思い出がつらいため、それを忘れよう忘れようとして、かえってその思い出に執着しているためでもあります。

私たちは、今現在誰とつき合うにしても、過去の人間関係を否応なく引きずっています。そして、その思い出が苦痛を伴うものであればあるほど、今目の前にいる人に対してエネルギーを注げなくなります。

葵さんの場合、**クズ男たちとの思い出に執着していて、男性全般への不信感がぬぐえません。**目の前に素敵な男性がいても距離が縮められないでいるうちに、そういう男性には他の女性も積極的にアプローチするでしょうから、横からさらわれてしまうのです。

葵さんの身近に残るのは、他の女性が「こんな男なんて」と思って近寄らないような、クズ男ばかりなのです。葵さんが心の癖を直し、どう変わったかについては、またあとで紹介しましょう。

まとめ

怒り、怖れ、嫉妬などのネガティブな感情に、幸せになるためのヒントがあります！

執着は「関係性」のトラブル

「愛」が「欲求」に変わるとき

執着とは人やもの、状況に心がとらわれ、放れようとしない状態であるわけですが、別の見方をすれば、本章で紹介したような感情にじゃまされて、本来の関係性を保てなくなったのだとも言えます。

では、なぜそうなるのでしょうか。

恋人や家族、友人など、大好きな人とのつながりを感じていたい。

人は誰も、そう切望しています。なぜならば、大好きな人と愛をもって接する時間は、かけがえのない幸せを感じさせてくれるからです。

この愛は純粋なもので、大好きなその人が存在するというだけで、あなたは幸せを感じるでしょう。

しかし、そこに欲求が入ることで、愛は執着へと転化します。

「私があの人を愛するように、あの人にも愛させたい」

そんな思いに心が支配されるようになると、欲求は満たされなければ強さを増していきますから、どんどんその人に執着していくことになります。


しかしなぜ、幸せを感じたいからこそ愛するのに、あえて苦しいだけの執着を続けるのでしょう。

それは、人間には「愛でつながれないときには、執着することでつながろうとする」という心理パターンがあるからです。

ほんとうなら、「いるだけで幸せ」という純粋な愛を通じて、その人とのつながりを感じたいのですが、欲求がじゃまするため、それができません。

愛でつながれないそのとき、執着は起きます。執着することで苦しみを呼び寄せ、その苦しみを通じて相手とのつながりを感じることにしたのです（意識的にそうしているわけではないのですが)。

苦しみを感じているかぎり、相手の存在を忘れないでいられます。それが唯一のつながりに思えているので、決して苦しみを手放そうとしません。

苦しみながら、相手に心も頭も支配されることになります。

愛を信じられない

では、その人があなたの愛を受け止め、愛で応えてくれたなら、苦しみはもう不要になるのでしょうか。

残念ながら、先に述べたように、執着しているときは愛を受け取ることができません。

執着とはさまざまな感情によってつくりだされるものですが、そもそもなぜそうなるかといえば、そういった強い感情に対応する「心の防衛反応」でもあるのです。このため、執着したままの心は、愛することよりも、原因となっている感情を解消するほうを優先してしまうのです。

「こんなことを言ったら嫌われる」

そう頭ではわかっていながら、あなたはその人とのつながりを感じよう、もっと言えば、強くつなぎ止めておこうとして、束縛する言葉を口にしてしまうでしょう。

束縛はかえって相手の
心離れを加速させる

もちろん、本音ではないと自分ではわかっています。だから、直後に猛烈な後悔に襲われ、ますます苦しむことになるのです。

これは男女関係だけでなく、親子や友人同士、会社と社員の関係でも起きることです。今は私に優しく接してくれるけれど、いつかきっと、私のことは嫌いになるに決まっている――そんなふうにしか感じられず、愛を一切受け取れなくなっているのです。

せっかくの愛を受け取れないなんて、とてももったいないことです。さらには、あなたのそうした反応は、当然ながら相手を寂しくさせてしまいますから、あなたが怖れているとおり、つながりが解けてしまうことにつながっていくのです。

まとめ

「愛しているから束縛する」のは間違いです。自己中心的な「欲求」は控えましょう。

［基本編］
手放しワーク

第3章

自分を傷つける「心の癖」を直す

過去の経験が「今の自分」をつくっている

自分の思考パターンを知ろう

いかがでしょう。前章を読んで、ひと口に執着と言っても、それに映し出される感情は非常に多岐にわたるということが、おわかりいただけたでしょうか。

では、「執着について知る」手放しワーク基本編の最後として、頭に入れておいてほしいポイントを、おさらいを兼ねつつ挙げてみたいと思います。

これまでさまざまな事例を紹介してきましたが、同じ人やものに執着しているとしても、そこに映し出される「感情」は人によって違うということに、気づいたでしょうか。

たとえば「夫と離婚したくない」という執着も、愛するものを失う怖《おそ》れ、孤独への怖れからの場合もあれば、変化を嫌って現状に執着し「じつは夫なんかどうでもいい」という人もいるわけです。

ですから、単純に「執着している？　では、その人から離れなさい」では、解決にはなりません。

必要なのは、人やものへの執着を解放しつつ、執着に映し出される感情も一緒に解放することです。

私はこれを「手放し」と呼んでいます。

それにしても、なぜ映し出される感情は、こうも人それぞれなのでしょうか。

それは人の心が、それぞれの過去の経験とそのときの感情によってかたちづくられているからです。私のもとを訪れる方でも、よく話を聞くと、過去を引きずっているケースがよくあります。記憶している・いないは関係ありません。

かつてテレビなどで性格判定ゲームが流行ったことがあります。たとえば家の枠だけの絵に「窓を描き加える」と課題を与え、描いた窓の位置や大きさで「あなたはこんな性格ですね」と謎解きをします。その内容の信憑性《しんぴょうせい》はとりあえずおくとして、ここで注意してもらいたいのは、同じ課題なのに反応は人によって違うという点です。違う過去を歩いてきたからこそ、同じものに対しても、感じることが違い、行動も違ってくるのです。

これを思考パターンと言いますが、それが心の癖となり、あなたの行動を支配するケースも生じます。身についてしまった「癖」なのですから、あなたの意思に反することもしばしばです。

「両親との関係」を問う理由

このため、あなたが歩んできた過去は、あなたの心をケアする際にはとても重要な情報となります。

最も影響のある過去といえば、やはり両親との関係でしょう。これまで紹介した事例でも、「両親」そして「子どものころ」という言葉を何度も目にしたと思います。

私たちの人間関係は、子どものころに両親との間で築いた関係を土台にしています。赤ちゃんはもともと白紙ですから、**最初に関係を築くことになる両親が、その後の人間関係の基本**になるのです。

その影響が、現在の問題につながっているケースは少なくありません。

たとえば、「職場の上司とうまくいかない」といったケース。私は相談者に両親との関係や子どものころの話を聞くのですが、「上司との関係に、うちの親と何が関係しているの」と思われたりします。しかし、父親との関係がぎくしゃくしていることが、上司とうまくいかないことにつながっているケースもあるのです。

「なかなか恋愛ができない」という悩みが異性の親と心理的距離が空いているのが原因であったり、「配偶者と喧嘩《けんか》が絶えない」という人は両親もかつて不仲だったり、「どこにいても自分だけが浮いてしまう」という悩みの背景に、幼少期に家族との関係がうまくいっていなかったという現実があったりします。

もちろんあくまで一例ですべてにあてはまるわけではありませんが、両親それにきょうだいなど、子どものころの家族との関係は、カウンセリングではまず確認する項目です。
両親との関係はそれくらい影響が大きいもの。私たちの人生は両親との関係を引きずりながら続くと言っても、過言ではありません。

まとめ

過去はそれぞれ。だから、人の心理もそれぞれ。
まずは「心の癖」を知ることから始めましょう。

ほんとうはどうしたいの？
どうしてほしかったの？

「正解」ではなく「納得」がほしい

執着に苦しむ人のカウンセリングの際、私の説明や指摘に次のように答える人がわりといます。

「やはり、そうですよね」

「それはわかっているんですが……」

執着する原因やその解決策を、理屈ではわかっている。そういう人が少なくないのです。

裏を返せば、「こうすればいい」という正解を示されても、頭ではなく心が納得しなければ、人は執着を解こうとしないということでもあります。

事例にも挙げていますが、「家族には『もうやめろ』と言われているんですが」「友人は『それはダメだ』とアドバイスしてくれるんです」と話すのは、じつはそのアドバイスを聞き入れたくないという思いがあるからです。

私のもとには、「これまで幾人ものカウンセラーに会ってみた」という人も、数多く訪れます。カウンセラーが見当違いのアドバイスをしたからではありません。頭ではわかっていても心が受け入れられないから、「もっと心地のいいアドバイスをしてくれる人がいい」と渡り歩いてしまうわけです。

ですが、本人が自分の意志で執着の背後にある感情に働きかけないかぎり、残念ながら執着は解けません。私たちカウンセラーにできるのは、あなたの心によりそい、あなたが進もうとする道の伴走をすることだけです。

ありのままを受け入れる

しかしもちろん、ただ心によりそうだけでは、執着するもののまわりをぐるぐるまわっているだけでしょう。そこで、自分の状況を受け止めてもらうように導きます。

「あなたのその状況は、別に悪でもないし、かといって善と決めつけられるものでもありません。だから、ただただ『そういうものだ』として、受け止めてみましょう」

今あるものごとは必然であり、自分に起きていることはすべて正しい。

そのように受け止めて、ではなぜその状況が自分のもとで起きているのか、と考えてもらうのです。

それをクリアすれば、自分のほんとうの感情と向き合う準備が整います。

そこで、私は尋ねます。

「それで、あなたはどうしたいですか」

正解は、あなたの心の中にしかありません。しかし、他人から与えられたものではなく、自分で見出した答えだから、あなたは歩き出すことができるのです。

まとめ

ありのままを受け止めて
自分が納得する「答え」を見つけましょう。

手放しとは相手と「別れる」ことではありません

鎖をほどいて自由になる

これからお伝えするポイントは、とても重要です。執着を手放すとは、つまりはどのようなことなのでしょうか。比喩を交えつつ説明してみましょう。

これまでの話で、執着の対象となる人やものは多様で、映し出される感情も人それぞれだと述べてきましたが、1つだけ共通することがあります。

それは、対象となる人やものを、それが好きであれ嫌っているのであれ、決して手放すまいとしているということ。つまり、「つながり」への執着はどのケースにも共通しているのです。

前の項で述べましたが、純粋な愛よりも欲求があまりに強くなったから選択肢を奪われ、自由でなくなっています。

あなたが苦しいのは、欲求があなたを傷つけているからなのです。

手放すのは、この自己中心的な欲求であり、自分自身を窮屈にしている思考パターンです。それは、あなたと執着の対象となっている人やものを縛る「鎖」のようなもの。おたがいの自由を奪い、視野を狭めてしまうものです。

だからこそ、おたがいを縛っている鎖をほどくこと。

自分と相手に自由を与えること。

これが、私が提案する「手放し」です。

欲求を手放すと、どうなるでしょうか。

執着をする前の、最初の状態に戻ります。

「あの人がいるだけで幸せ」

「これがあるだけでうれしい」

そう思える純粋な愛です。

この愛を取り戻せば、相手とその後どのような関係となっても、あなたは幸福感に包まれ続けます。なぜなら、あなたは純粋な愛とつながっていて、誰かを恨んだり束縛したりする必要がなくなり、幸せと感謝だけを感じられるから。

それは、いわゆる「無償の愛」と言われるものです。

そんな愛で満たされるからこそ、執着を手放したほうがいいのです。

ですから、手放しとは相手と別れることではありません。

「手放す？　彼と別れろということですか？」

夫婦や恋愛関係の執着をカウンセリングする際に、そういう質問をよくもらいますが、私が提唱する手放しとは「感情」に関するもので、必ずしも別れを意味するものではありません。

必ずしも、と前置きしたのは、実際に「彼との別れを選ぶ」という結果に至るケースもあるから。しかしあくまであなたが手放すものは、自分の欲求やネガティブな感情です。

いちばん大切なのは、自分自身が幸せになること。その人と別れるかどうかなどは、今の時点ではどっちでもいい。

執着を手放して自由になって、あなたの目にさまざまな選択肢が見えてきたときに、これからのことは決めればいいのです。

もう一度言いましょう。今いちばん大切なのは、「あなた」が幸せになることです。

心にたまった「ゴミ」を捨てる

確かに、「手放し」と聞くと、「別れ」を意味するように感じられるものです。私が別れという言葉を使わないのは、別れには「苦しい」「つらい」「イヤだ」といったネガティブな感情を伴うケースがほとんどだからです。

たとえば恋愛や夫婦の別れ話、あるいは長年勤めた会社を辞めるときなどでは、それまで我慢してきた不満が爆発したり、うすうす感じていた不信感が膨らんでどうしようもなくなったり、相手に対する愛情がなくなったりしたから、別れを選択することが多いと思います。喧嘩《けんか》別れをしたり、一方的にふったりふられたりして、おたがいの心に遺恨が残るケースも少なくありません。

そういったネガティブな感情は関係が断ち切れたあともずっと残り、その後の人生にもネガティブな影響を与えることになります。


関係が終わっても影響が終わらないとは、どういうことでしょうか。

たとえば、恋人の自己中心的な態度が別れの原因だった場合、次の恋の相手には「私をちゃんと尊重してくれる人」という条件が加わるでしょう。

また、退職の理由が会社がゴリゴリの年功序列で、若手の自分が成果をあげてもサボる先輩の給料が多いという理由だった場合、転職先には「成果を正当に評価してくれる会社」「頑張った人をちゃんと認めてくれるシステム」を求めるでしょう。

つまり、**元彼や元会社との関係は、表面上は終わったとしても、心の中ではまだまだ続いているのです。**

もちろん、「恋人を尊重する彼氏」「成果を正当に評価する会社」という条件自体は、きわめてまっとうなものです。しかし、それがネガティブな感情からついてしまった条件である場合、その条件を過度に重視することになるでしょう。

ネガティブな感情を伴う別れは、心の中ではその後も関係が続く（引きずっている）もの。これは執着を生み出しこそすれ、解消はできません。だから、執着しているものと無理に別れても、完全に解決できないのです。

私が提案するのは、ネガティブな感情を持たない関係へと移行していくことです。ネガティブな感情は、あなたとその人との間に積もったゴミであり、余計な壁です。それを取り除いてスッキリさせるのであり、手放しとはいわば心の断捨離です。

その結果として、関係が終わろうと維持したままになろうと、ネガティブな感情を持たないあなたは、もう傷つくことはありません。それこそが重要なのです。

相手を好きなままで今より離れることであり、感謝の思いを抱きながら関係性を新たなものに築き直すこと——それが手放しです。

それは別離に通じるかもしれないし、自由でおたがいを尊重できる関係へ変化するのかもしれません。

執着を手放した結果、たとえば恋愛ならば「彼じゃなくても、よくなった」「彼以

執着を手放すと
「無償の愛」がやってくる

外にも幸せになれる人がいると思えた」という気持ちになり、別れを選ぶ人もいます。

それとは異なり、執着を手放して心のわだかまりがなくなり、「彼に対する感謝の思いがわきあがってきた」「彼と出会えてほんとうによかったと思えるようになった」という気持ちになり、以前よりも愛が深まるケースもあるのです。

手放しの向こうで待つ「新しいあなた」

手放しは苦しみから解放する手段です。ですが、それだけではありません。もっと前向きな目的で、手放しはあなたの心を解放します。今までとは違った人生、それも、自分らしい生き方ができるようになるのです。

どういうことでしょうか。

あなたが手放す対象は、感情です。それは同時に、その感情を生み出す思考パターン、つまり心の癖（感じ方、受け取り方、考え方などの癖です）を手放すことを意味しています。

「着ない服を捨てたら、お気に入りのワンピースを見つけた」という体験はありませんか。人間関係でも、何となく「イヤだなあ」と思っている人との関係を清算したら素敵な人と出会う機会が増えたという経験もあったはずです。

これは、**心の癖から自由になって、失敗しやすい行動をしなくなったからなのです。**

たとえば、ひどい別離をした元彼への執着を手放すとしましょう。人は過去を引きずって生きる存在ですから、元彼と同時に、さまざまな過去の執着を1つひとつ丁寧に手放していくことになります。

この過程で、過去から影響を受けない存在になっていき、経験が原因でついてしまった心の癖から自由になっていきます。

恋がうまくいかなくなる原因だった心の癖がなくなれば、行動も当然ながら変化するでしょう。

まとめ

手放しとは、自分と相手に自由を与えること。
無償の愛を取り戻しましょう。

過去のイヤな思い出は「カプセル」に入れよう

過去は過去へ

私たち人間の心理は、これまでのさまざまな思いが撚《よ》り合わされていて、それが他との関係性に影響を与えています。自分勝手な欲求やネガティブな感情を持ったままでは、その思いは次の関係性に引き継がれていくだけ。そのような欲求と感情を手放し、それまでの関係を手放すことで、過去の影響は払拭され、あなたは今目の前にある関係に100%で取り組めるようになります。

今までのことは今までのこととして心に納め、過去をきちんと過去にする作業と言えます。

過去は過去。今は今。

そのように区別することは、手放しの重要なプロセスです。私はこれを「カプセル化」と表現しています。


頭の中にカプセルをイメージしてみましょう。

そしてその中に、過去にしようというできごとを入れてください。

そして、パチン、ギュッと、封をするのです。

「これはもう済んだこと。過去のことなんだ」

そういう意識をつくるための、心の儀式です。


たとえばクズ男相手に我慢する恋愛ばかりしてしまう葵さんに、「過去つき合った人」をカプセルに詰め込んでいってもらいました。

すると、葵さんが出会う男性がクズから紳士へと変わっていったのです。

あるときは、百貨店で葵さんが買った大荷物を抱え込んでいたところ、白髪の紳士が「お持ちしましょうか」と声をかけてきたそうです。

「駅のホームまで運んでくれたんですよ、この日本で。なんか古いヨーロッパ映画みたい！」

その後、葵さんは、知人の紹介で素敵な男性と出会いました。とても誠実で、仕事で海外生活が長かったことから女性の扱いがスマート。話はユーモアにあふれ、いつも葵さんを笑わせてくれます。そんな紳士になぜ恋人がいなかったかというと、仕事がきわめて多忙だったのに加え、「結婚するなら日本女性がいいと思っていたけれど、海外にいて縁がなかった」という返事です。やがて彼からの申し出があり、葵さんはおつき合いすることになりました。

過去から自由になっていくにつれて、出会う男性のタイプがどんどん変わることには、葵さんもびっくりしていましたが、彼女の過去の男性関係を知る友人は目をまるくしてこう評したそうです。

「突然変異だよ。奇跡が起こった！」

もちろんその友人は、葵さんの新しい恋をとても祝福してくれたそうです。

このように、過去をカプセル化して手放すと、人間関係がガラリと変わるケースも珍しくありません。

モニュメント（過去の栄光）に執着するケースにも、このカプセル化が有効です。か

過去は過去であって、「今」とはまったく違う時間

っての成功はもちろんすばらしいことで、自信に変えるべきものです。しかしその時間に引きずられていると、いつまでも過去に生きる自分であり続けてしまいます。
　今の自分と向き合い、自分らしい生き方をしていくためにも、モニュメントはカプセルに納めてしまいましょう。
　失敗経験をいつまでも「もしあのとき、○○だったらば」と執着し続けるケースも、同様です。カプセル化によって、ほんとうにあった過去を過去の現実として受け止められれば、「起きたことは必然で正しい」という原則に従い、「○○はできなかったことだ」と客観的な理解へと進める場合が少なくありません。また、そのときできな

かった自分について、素直に力不足を認めるなど自分の状況を認め、受け入れる第一歩となります。

そのときの思いを受け入れて許せるようになれば、**手に入らなかったもの、失ったものへの執着を軽くしていくことができるのです。**

卒業――そしてあたたかい思い出が残る

カプセル化すると、これまでの関係性やできごとを客観的に見られるようになります。カプセルを眺めて、その時代を懐かしんだり、そこであったできごとに怒ったり笑ったりはしますが、今それを眺めている自分がカプセルから影響を与えられることはありません。

それはちょうど、映画を見ているような感覚です。映画を見て感情移入して怒ったり泣いたりしても、「気がついたら、自分がスクリーンの中にいた」なんてことがないのと一緒です。

過去をきちんと過去として納めると、多くの人が不思議な感覚を持ちます。元彼の影ばかりを追って新しい恋に進めないでいた愛さんは、彼への執着を手放したあとでこう言っています。

「彼とのことが、もうずいぶん前のできごとに思えるんです。思い出しても、少し甘酸っぱいような懐かしいような、そんな感じがするだけで……」

それはちょうど、学校時代の思い出のような感じ方です。学校を卒業して数年も経てば、イヤな思い出は自然と薄れ「甘酸っぱいような懐かしいような感覚」だけが残るように、執着を手放したあともそんな感覚になるのです。

みなさんは、学校の卒業式を覚えているでしょうか。楽しいこともうれしいことも、イヤなことも悲しいこともありながらも、時が来れば卒業を迎えます。

手放しも同じ。ポジティブ、ネガティブ、いろいろな気持ちがありながらも、総じて感謝の思いを持ちながら、そこから離れていくのです。

いわば、心の「卒業」です。

まだまだその学校にとどまりたいと思っても、それは叶《かな》いません。あなたは目の前の新たな道に進むことになります。こうした区切りがあるおかげで、私たちは気持ちを整理し、それまで過ごした時代を感謝や喜びへと昇華させることができます。
ちゃんと卒業できているかどうか、それは、その過去を思い出したときの感覚をチェックしてみればわかります。

きちんと手放しがされていれば、ただただ爽快で、とても気分が軽くなります。しがらみから自由になり、人によっては空を飛んでいるような軽さを感じることもあります。

一方、ざわざわと不快に感じるのであれば、もしかしたら、まだ心に傷や執着が残っているのかもしれません。

でも大丈夫。手放しを進めていけば、徐々に不快感はなくなっていくはずです。
葵さん、愛さんだけでなく、これまで事例で紹介してきた人たちも、手放しを通じて卒業していきました。そのことは、この後の章で追い追い紹介していくとしましょう。

手放しを通じてあなたが得られるもの、それは自由であり、幸福感であり、無償の愛であり、新しい自分であり、苦しみを伴わずに甘酸っぱく思い出せる過去です。

執着を手放すといいことばかり

あなたはもう、誰からも傷つけられず、また自らを傷つけることもありません。

どうでしょうか。手放し、やってみたいと思いませんか。

まとめ

過去は過去。今は今。
過去を甘酸っぱく思い返せるなら、手放しは成功。

私の手放しワーク体験談①

元彼を忘れられない女性に起きた奇跡
——明日香さんの場合

失恋から立ち直れない

明日香さん（仮名）は、つき合っていた彼との別れを受け入れられませんでした。復縁を求めて彼に何度も連絡を取り、待ち伏せまでしてみましたが、彼は明日香さんをシャットアウトします。

最初は慰めてくれた友人にも、明日香さんの執着があまりに強いために、「元彼の話ならもう聞きたくない」と突き放されてしまいました。心理カウンセラーに「早く次の恋を見つけなさい」と言われ、婚活パーティにも行きましたが、当然ながら「彼以上に素敵な人」は明日香さんの目には入りません。日に日に絶望するなかで、私のもとを訪れました。

「彼を好きなまま、離れていきましょう。手放すほど彼を愛せますか？」

そういった話をしつつ執着を手放すことを提案したところ、明日香さんは手放しワーク（これについては手放しワーク実践編で詳しく紹介します）にチャレンジしました。

表情がしだいにいきいきし始めた明日香さんは、ある日こう宣言しました。

「今日のセッションで彼のことは終わりにします。もう追いかけたりしません。私、次の恋に進みます！」

そしてカウンセリングルームを出て駅に向かう途中、明日香さんのスマホが鳴りました。それはなんと、別れた彼からの着信でした。

別れて以降彼から連絡がくることはなかったので、明日香さんは一瞬パニックになったそうです。電話に出ると、懐かしい彼の声が言いました。

「今度、食事にでも行かないか？」

それまでの明日香さんなら、その誘いにすぐ飛びついたでしょう。でも、その日の明日香さんはこう聞き返していました。

「どうしたの。何かあったの？」

それは自分でも意外なほど冷静な対応で、あとで明日香さんは「自分の中に、別の自分がいるみたいだった」と表現しています。

新しい自分で歩き出す

明日香さんのこの対応に、彼も戸惑ったようでした。

「え？　『何か』って……。いや、ちょっと会ってメシでも食って話がしたいなと、思ったんだけど」

ちょっと会うくらいならと、明日香さんは会う日を約束して電話を切ったのですが、じつはそのとき、すぐにも私のカウンセリングルームに引き返し、相談したいと強く思ったそうです。あとにそれを聞いた私が「なら、そのとき相談に戻ってくれてもよかったのに」と言ったところ、彼女はこう言いました。

「迷惑になるし、何より、『自分ひとりで向き合いたい』と思ったんです」

こんなところからも、明日香さんの変化がわかります。

明日香さんは彼のことがまだ好きでしたから約束の日までわくわくしましたし、当日の彼との食事は、はじめは緊張もしましたが楽しく幸せな時間でした。

しかしその一方で、明日香さんは「この感情に安易に飛びついてはいけない」と冷静に思っていたそうです。

「これまでを恨まないし、これからにも期待しない。ただニュートラルに彼の話をきちんと聞こう。そのうえで、自分の気持ちに素直でいたい」

すると、彼は復縁を切り出してきたのです。

「やり直さないか」

「喜んで！」

——と、明日香さんは答えそうになりましたが、すぐに「いや、焦っちゃだめ。私自身の気持ち、気持ち！」と自分に言い聞かせました。そして、彼にこんな提案をしている自分の声を聞いたのです。

「あなたとうまくいかなかったのには、何か理由があるはず。やり直してまた同じことをくり返すのは、私はイヤだよ。まずは、何の条件もつけずに何度か会おうよ。それでやり直したいと思えるなら、もう一度おつき合いしよう」

そんなふうに言える自分の変化に、明日香さん自身が驚きました。そして彼もまた、とても驚いたようです。

「おまえ、なんか変わったな」


その後のセッションで「何回かデートをしたんですが、やり直すことに決めました」と報告してくれた明日香さんは、次のような言葉をつけ加えました。

「これって、世間的には『よりを戻した』ってことなんでしょうね。でも、私の気持ち的にはちょっと違うんですよ」

今までの関係は今までの関係。過ぎたこととしてきちんと区別して、今からまた新しい関係を築いていこうと思うから——そう明日香さんは力強く言いました。明日香さんの考え方が、かつてと大きく変わっているのです。

「手放し＝復縁Ｈａｐｐｙ！」ではない

ここで1つ、注意したいことがあります。

こうした話はとてもドラマティックなので、「では、彼を手放したら、彼は戻ってくるんですよね」と聞いてくる人がいるのですが、答えはNoです。

彼とよりを戻したいから、手放す。そこには欲求しかありません。何度も言います

が、欲求を手放すことが重要なのですから、欲求のためにいくら頑張ってもそれは手

放しではありません。

では明日香さんの場合、なぜ彼は戻ってきたのでしょうか。それは彼女が勇気を

もって彼を手放したからです。

それまでさんざんしがみつこうとし、恨みもしていた彼に対して、自分のネガティ

ブな感情から目をそらさずに、その1つひとつを解き放ち、彼を好きなままで彼の幸

せを願いつつ手放そうという勇気、無償の愛のもとで手放しをしようという勇気です。

その結果、たまたま彼が戻ってきた。それが真実です。

手放したからといって、彼が戻ってくる保証はどこにもありません。期待してしま

うかもしれませんが、そこはきちんと分けておいてもらいたいと思います。

［実践編］
手放しワーク

第4章

自分の感情を「優先する」小さなレッスン

手放しの基本セッション

完全に断ち切れるまで何度も行う

左ページに、手放しの基本セッションをまとめました。執着を手放す方法はたくさんありますが、これは私がこれまでの活動を通じて改善を重ねたものです。これを通じて執着を手放し、自由を感じてもらえたらと願っています。

たった一度のセッションで執着がなくなることは、ほとんどありません。何度もくり返し行うことが大切です。

重要なのは、プロセス1「あの人を手放す決意をする」の3と5です。ワークで言うと「御恨み帳」（第6章）、「感謝の手紙を書く」「新しい世界へのイメージワーク」（ともに第7章）の3つです。慣れてきたらこの3つを行うだけで十分効果があります。

ウォーミングアップ	**自分の感情を「優先する」小さなレッスン**	**第4章 ▸ P121**
1	自分軸を取り戻す	「私はこう思う」「私はこうしたい」 自分を主語にして考え行動する思考パターンを身につける（132ページ）
2	自己肯定感を上げる	あなたの魅力を見出し、自分の短所を受け入れ、自らをほめる習慣を身につける（135ページ）
プロセス1	**あの人を手放す決意をする**	**第5章 ▸ P147**
1	対象を決める	誰（何）を手放すか決める
2	ポジティブな動機づけと目標設定（メリット）	なぜ、その人（もの・こと）を手放したいのか その人（もの・こと）を手放すと、あなたはどう変わる?
3	覚悟を試す宣言セッション	「私は○○を手放して、自由になります」 と口に出して言えるか
4	質問に答えて心の整理	5つの質問に答え、 「手放し」へ向けて心を整理する
5	対象と向き合う	**その人と向き合うイメージワーク**（162ページ） 対象がものの場合は擬人化して行う
6	自分を癒す	**自分をいたわるイメージワーク**（165ページ）
プロセス2	**「御恨み帳」に感情を吐き出す**	**第6章 ▸ P169**
1	ネガティブな感情を吐き出す	その人（もの・こと）を思い浮かべて 感じる感情を思いつくまま書き出す
2	過去の肯定	その人（もの・こと）と出会ったことで、 あなたが学び・成長したことは何?
プロセス3	**感謝の気持ちを伝えて新たなスタートをきる**	**第7章 ▸ P205**
1	感謝の手紙を書く	「ありがとう、そして過去のあなたにさようなら」
2	新しい世界への扉を開ける	その人（もの・こと）との鎖をほどく **新しい世界へのイメージワーク**（212ページ）

ワークを始める前の4つの心得

手放しワークは、自分の潜在意識を書き換えるプログラムです。次の注意点を守りながら行うと、より効果が高くなるでしょう。

●頭で考えるよりも、自分の心のままに従いましょう

イメージワークを始めると、さまざまな感情があふれて出てきます。怒り、悲しみ、寂しさ、罪悪感、無力感、心配、不安、怖《おそ》れ、そして、感謝や愛情。どんな感情が出てきても、大丈夫です。感情というものは、感じれば感じるほど解放されるので、心がスッキリしていきます。

●十分な時間を確保しましょう

人によってまた状況によって、このワークにかかる時間はまちまちです。私のセミナーでは3時間とっています。はじめて取り組むときは、それ以上の時間

を確保しておいたほうが安全です。

ワークを始めたら中断することなく、最後まで続けましょう。一度、感情が切れると、そこからのリスタートはむずかしいものです。とはいえ、心が苦しくなったら休んでもかまいません。途中で急用が入った場合、それもしかたありません。

ただし、その後やり直す際は、プロセス1の「あの人を手放す決意をする」の「覚悟を試す宣言セッション」から始めてください。もう一度はじめから、感情をセットアップしていきましょう。

●集中できる場所で行いましょう

手放しワークは自宅でももちろんできるのですが、案外気を散らされることが少なくありません。たとえば電話が鳴ったり宅配便が届いたり、あるいはSNSが気になったりふと用事を思いついたり……。

他のことが気になるのは、「向き合いたくない」「逃げ出したい」という心理が関係しています。つらいことを回避するため、意識を別のことにそらそうとするのです。

せっかくわきあがってきた感情が、そこで抑えられてしまいます。

可能であれば、ホテルなどの個室をとって行うのがベストです。ノートを用いるので、デスクが備わった部屋にしましょう。

また、ホテルなどプライバシーが確保された場所をすすめるもう1つの理由として、イメージワークが、多くの場合あなたの予想以上に心を動かしてしまうからです。涙があふれてしまうことが多く、人目のある場で行うのはおすすめできません。いくらお気に入りの居心地のいい場所であっても、カフェや図書館はNGです。

●居心地のいい環境をセッティングしましょう

BGMは気分に合わせて選んでください。もちろん、なくても大丈夫です。また、長時間にわたるので、手近には飲み物を。ちょっとしたお菓子や軽食を用意しておくのも、おすすめです。

まとめ

手放しワークはプロセス1~3の順番で、
時間をかけてゆっくり行いましょう。

心の基礎体力をつける

自分を好きになる2つのアプローチ

すぐ「手放しワーク」へ向かう前に、まずはあなた自身の心を整えていきましょう。

執着のレベルにもよりますが、手放しにはそれなりの「心の強さ」が必要です。執着は心の防衛反応でもあるわけですから、その手放しに安易に取り組むとダメージになりかねません。そこで、外科手術前に体力をつけて体調を整えるように、心の体調も手放しに備えて整えておくわけです。

ポイントは2つ。「自分軸」を持つことと、自己肯定感を上げることです。

何かに執着している状況だと、その何かに依存して「他人軸」になってしまいがち。「私はこう思う」「私はこうしたい」ではなく、「あの人はこう思っている」「これに必要なのは○○だ」というように考えるのが、自分軸ならぬ「他人軸」です。

自分よりも相手を優先する癖がつき、その人につねにふり回されている状態です。自分で考えることを放棄してしまい、その人に依存している状態とも言えます。

手放しはきわめて主体的な行動ですから、心がその状態だと、「さあ、手放そう」という決意に至れないのです。

また、自己否定感が強くすっかり自信をなくしている状態だと、頭でわかっていても、感情がネガティブな方向に進んでしまいます。すると、手放そうとしたのにかえって執着が強まってしまうことにもなりかねません。

このような理由から、自分軸であること、そして、高い自己肯定感を持つことは、手放しを進めるうえでは不可欠な「心の基礎体力」と言えます。

また、**自分軸を確立し、自己肯定感を上げた時点で、「気がつけば、執着がなくなっていた」**というケースもしばしばあります。本来のセッションに入ることなく、

「私」ではなく、考え方・ものの見方が
他人に乗っ取られている

心を整えたとたんに執着を手放せてしまう人がけっこういるわけです。
その意味でも、とても重要なプロセスです。

自己肯定感を上げたら執着を手放せた

たとえば、「嫉妬への執着」（72ページ）に登場した、誰彼かまわず嫉妬してしまう遙さんに対しては、自分軸を確立し、自己肯定感を上げる方法を提案しながら、気長に彼女の自信のなさが改善するのを待ちました。もともと遙さんは嫉妬の炎を燃やし続けるくらい強い情熱を持っている人でしたから、ひとたび自分の価値を認めると、どんどん自信が回復していきました。

その結果、彼女の心から嫉妬は消え、反対に、驚くほどの行動力を手に入れました。なかなか結婚を言い出さない優柔不断な彼に対し、遙さんから逆プロポーズして、説き伏せて結婚してしまったのです。

「『ダメな自分』への執着」（74ページ）に登場した、両親の過大な期待のせいで「ダメな自分」に執着し続けている佳奈さんにも、同様のワークをやってもらいました。

佳奈さんの場合、ダメな自分を手放すとは、「両親の期待に応えなくてもいい」と自分に許可することです。両親の束縛が解けていったころ、佳奈さんが言いました。

「30代になって反抗期が訪れたみたい（笑）。親に何かと反発してしまって……」

これはとてもよい反応で、反抗期を経ないと、子どもは精神的に自立できません。思春期にその機会がなく30代、40代で反抗期を迎える人は、意外に珍しくありません。それで、両親との仲が悪くなったりしないかと心配かもしれませんが、大丈夫です。遅れた反抗期を終えたら、両親との関係は修復します。ただし、今までとは違った関係にはなるでしょう。

それはもう「期待する」「応える」という関係ではなく、おたがいに価値を認め合い、意思を尊重し合う関係です。

まとめ

執着中は、自己評価が低くネガティブになりがち。自己肯定感を上げることで、手放し効果も。

自分軸ワーク

「人生の主人公」の座を奪い返すおまじない

ワーク 1

「私は私、人は人」

自分軸を確立する方法はいくつもありますが、私がよく提案しているのが「おまじない」です。

さあ、声を出して、次の言葉を言ってみましょう。

「私は私、人は人」

このおまじないをくり返すと、会話から他人を主語とする言葉が影を潜め、「私は」「私が」が主語になる言葉が増えてきます。自分軸ができてきた証拠です。

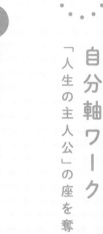

「私」主語が100％になる必要はまったくありません。半分かそれよりやや多いくらいになれば、十分です。

ワーク 2
「私はどうしたいの？」

自分軸をさらに強めるために、「私は私、人は人」のおまじないに加えて、次の言葉を口にすることを提案しています。

「私はどうしたいの？」

これは、主体的な意思確認の訓練です。訓練ですから、執着する対象だけでなく、日常のちょっとしたシーンでも「私はどうしたいの？」と、自分の意思をあえて口に出して確認するのです。

ランチの際に、「私は何が食べたいの？」

仕事の休憩時間に自動販売機の前で、「私は何が飲みたいの？」
終業後の会社の出口で、「私は今から何をしたいの？」

これをやってみると、日常のものごとを「あまり考えずに」とか「何となく」とか、惰性で決めていることがとても多いのに気づかされると思います。

自分の意思を確認せずに行動すると、まわりに流されるだけでなく、「こうしなければいけない」という義務感に縛られることが多くなります。

しかし、自分はどうしたいのかをしっかり意識できるようになると、たとえば仕事で疲れて帰ったときに、「今日は洗濯をしなきゃいけないけれど、『私』は疲れているから、明日にしよう」といった選択も可能になるのです。

自己肯定感を上げるワーク

自分の魅力や価値をきちんと知る

ワーク1

「自分なり」に頑張ったこと

自己肯定感が低いままだと、今の関係に執着し続けやすくなります。なぜなら、「この人を逃したら、自分とつき合ってくれる人は他にいない」とか「この会社をクビになったら、雇ってもらえる職場なんてない」と考えてしまうからです。ここであなたが他人軸のままだと、無理をして相手に好かれようとしたり、頑張ってノルマをこなそうとしたりするでしょう。

でも、あなたはすでに自分軸で考えられるようになっています。ですから、誰もが持っていてあなたも当然持っている魅力や価値に、あなたが気づけばいいのです。

私はよく、次のような質問をします。

自分なりに頑張ったことはありませんか?
自分なりによくやっていることは何でしょうか?

この「自分なり」というのがポイントで、他人とは比べないこと。自己肯定感が低い人の傾向として、他人と比較すると、自分よりもできる人ばかり見つけてしまうからです。

「他の人がどうなのかは知らないし、誰かにほめられたわけでもないけれど、私は自分なりによくやっているよ。だって、私がそう思うんだから」

これくらいの意識で探してみるといいでしょう。

これを「自己承認」と言います。自分で自分を認める。自己肯定感を上げるのに、とても有効な手段です。

「自分で自分を認めたってしょうがないじゃない。他人に認められてこそ意味がある」そう思うとしたら、あなた自身が自分を認められないでいる証拠。こういう場合、他人がほんとうはあなたを認めていても、その思いを受け取れず、「リップサービスではないか」「○○さんのほうが優れている」など、否定や比較をしてしまいます。

あなた自身が自分を認めれば、他人の評価も受け取れるようになります。ですから、自分なりによくやっていること、自分なりに頑張っていることを、どんどん見つけたほうがいいのです。

ワーク 2

憧れのあの人に、自分の魅力が隠されている

多くの人にとって、自分が持つ魅力や価値はごく自然なものです。「優しい」と言われる人は、頑張って優しくしているわけではありません。「人のことをよく見ている」と言われる人も、頑張って観察しているわけではありません。だから、ほめると、きっと、こう言うでしょう。

「え。そんなの、ふつうだよ」

本人にとってはあまりに自然にしていることなので、魅力とも何とも感じていないのです。あなたにとっても、それは同じです。

誤解を怖れずに言えば、自分の魅力や価値は、自分ではほとんど気づかないものなのです。あなたが持つ本当の魅力や価値は、「自分にとってはあまりにふつうだから、何とも思わないもの」だと、まずは知ってください。

そのうえで次の質問に答えてみましょう。

あなたのまわりには、どんな魅力や価値を持った人がいますか？

ここで言う「まわり」とは、家族や友人、職場の人、習いごとの仲間、同級生などの近しい人たちを指します。彼らのいいところを探してみてください。

そして、これが大切ですが、リストアップしてノートに書いてください。

できましたか。さて、リストアップされた魅力や価値は、誰のことを指しているのでしょう。

「へ？　だから、まわりの人だよ」

いいえ、あなた自身の魅力や価値なのです。

優しい人は、相手の「優しさ」に気づく

おや、やはり「え、違うよ。私にはこんないいところなんて、ない、ない！」と思いましたね。でもこれは、「投影」という心の仕組みを利用した魅力と価値の発見法なのです。

人は、自分にない要素を他人に見ることはできません。優しさがない人は他人の優しさがわからず、自分にない要素に触れても「よくわからない不思議なもの」という感覚しか持ちません。当然、いいところとして評価もしません。

あなたが「あの人って優しいな」と感じたとするならば、あなたの中にも優しさがある証拠です。

すぐに信じられないかもしれませんので、

もう一度言いましょう。自分の魅力や価値は自分ではほとんど気づけません。

とはいえ、あなたはただ、「へえ、そうなんだ。私にもそんな価値や魅力があるんだ」と、何となく思っていればいいのです。

この「へえ、そうなんだ」が、じつは重要です。このリストに書かれているのが自分の魅力だ、価値なんだと頑張って受け取ろうとすると、心が反発します。あなたはときどきこのリストを出して眺めながら、「へえ、そうなんだ」と、ただ思うだけでいいのです。

ワーク 3

自分の短所を受け入れる

自分の価値や魅力に気づいたら、その逆方向として、自分の短所も肯定していきます。

肯定です。矯正ではありません。

「短所は直しなさい」と教育されてきた人は多いのではないでしょうか。この思い込みは、教育された分とても強く、私たちは自分の短所をつねに探す癖をつけてしまっています。探すだけではありません。そんな自分を否定して、何とか直そうと頑張ったりもします。

ここで、根本に戻って考えてみましょう。短所とはそんなにも直すべき悪いものなのでしょうか。

たとえば方向音痴。これも立派な短所のはずですが、私のセミナーで方向音痴がいないか尋ねると、自認する人はたいてい堂々と開き直ってみせます。

「だってスマホの地図アプリがあるし、それでも困ったら人に聞けばいいいし」

この例からわかるのは、短所を理由に自分を責めているかどうかです。

「でも、それってしょうがないじゃん」と受け入れている人は堂々とできます。一方、「ダメ。そんなんじゃ愛されない」と否定している人はひたすら自己嫌悪します。

短所があなたを苦しめているわけではありません。短所にダメ出しする心が、あなたを苦しめているのです。

さて、短所についてはこんな言葉もあります。

「短所をひっくり返すと、長所になる」

短所と長所は、表裏一体なのです。

まわりの人を思い浮かべてください。バイタリティにあふれる人は、一方で怒りっぽくはありませんか。優しい人に対して、「だけど優柔不断なんだよなあ」と感じたりしませんか。

ある角度から見れば短所でも、角度を変えれば長所になるのです。これは他人を評価して人間関係をうまく続ける秘訣《ひけつ》です。これを自分にも適用すれば、自己肯定感を上げる方法になります。

ノートに短所を書き出し、それを長所に変換してみましょう。

「怒りっぽい人のいいところって何だろう」と、自由に想像してみるのがいいでしょう。

同時に、その短所が「誰かの役に立つ」ところも考えてみてください。たとえば、

「かたづけられない」という短所は、「整理収納が得意な人」が大活躍できますから役に立つことができます。「時間が守れない」という短所は、「お世話好きな人」にはうれしいかぎり。なぜならしょっちゅう「大丈夫？　遅れるよ」と声をかけていられるのですから。

短所があっても大丈夫。短所があってもそれが私。ほら、こんなに役に立つし。

そのように受け入れられるようになると、自己嫌悪がぐんと減ります。自己肯定感が上がるので、心がとても軽くなるはずです。

ワーク4　自分をほめる習慣をつける

あなたは子どものころ、大人からほめられた記憶はありますか？

いろんな人に聞くと「ほめられた記憶はあまりない」という返事が珍しくありません。大人になっていればなおさらで、女性同士のおしゃべりならおたがいをほめ合ったりもしますが、それ以外ではよほどのことがないかぎり他人からほめられることはありません。

ほめることには心理学でも賛否両論があるのですが（ほめられることを目的に頑張るようになるから、という理由です）、私は基本的にはほめるのは悪いことではないと思っています（ただし、「○○だからよい」と条件つきでほめることはおすすめしません）。

ほめられることは、価値を認められることにつながります。逆に、ほめられないのは、自分の価値は認めてもらえないと思いやすくなります。

「自分で自分をほめてあげたい」

そんな名言を言ったアスリートがいますが、あなたも「私のこと、ほめてほめて」と思うことがあるでしょう。これだけ頑張った、これだけ成果をあげた、これだけあなたのことを考えている……。

それならば、自分で自分をほめてしまいましょう。

毎日5つ、自分をほめてください。そして、それを記録してください。

はじめのうちはむずかしく感じるかもしれません。要は慣れの問題なので、慣れればサクサクできるようになります。ほめポイントは日常生活のあちこちに転がっているものです。

［実践編］
手放しワーク

第5章

あの人を手放す決意をする

誰（何）を手放しますか？

私が執着しているのは誰？

本章から、いよいよ執着そのものにアプローチし、手放していくワークへと進みます。

この段階でまず大切なことは、「誰（何）を手放すのか」ということです。自分のことなので当然わかっていると思うかもしれませんが、意外とそこで迷いが生まれるのです。

たとえば、第1章の事例で紹介した麻衣さんは上司との不倫関係に執着していましたが、それが母親への執着から来るものだと理解していました。今の不倫関係にある彼への執着もありますが、背景にある母親を手放したほうが彼への執着も薄まるかもしれません。

すると、麻衣さんは迷うわけです。

「私が今手放すのは、彼なの？　お母さんなの？」

恋愛にかぎらずさまざまな人間関係は、幼少期から長く一緒に過ごしている両親の影響を受けざるを得ません。ときには恋人を手放すよりも家族を手放したほうが今後の人生に有益になるなんてことも。私のセミナーでも、手放すのは彼か母親かといった質問をよくもらいます。

私はこう提案しています。

「彼への思いが強いのであれば、彼でいいんじゃないかな。彼を手放そうとしているうちに思いがお母さんに変わったなら、そこから先はお母さんでやりましょう」

麻衣さんは、私の提案を受け入れ、不倫関係の彼を手放しの対象と決めました。

現在の彼を手放した時点で、不倫の恋愛からは解放されました。

相談者の中には、直前に別れた彼を手放すつもりが、よくよく話を聞くと、もっと以前につき合った男性への執着に気づくことがあります。

私たちは過去のあらゆる関係性を引きずっていますから、今手放したい執着に、かつての恋人との関係性が含まれている、そんなことも大いにあり得るのです。

執着の根っこは、心のざわつきがヒント

過去の人間関係のうち、いったいどれが現在（今）に影響を与えているのか、どうすれば判別できるのでしょうか。

それは、**あなたの心に聞いてみることです。**

第3章でもお伝えしましたが、**執着を手放したあとは、甘酸っぱく、懐かしいような思いが訪れます。**卒業したかつての学校生活を思い出すような感覚です。一方、執着が残っていると心はイヤな感覚を示します。

具体的には、ざわざわする不快感、チクッとする痛み、気が重たくなる罪悪感、こみあげる苛立《いらだ》ちなどです。その「心のサイン」を手がかりに、ほんとうに手放す必要がある対象（感情）を見つけていきます。

まとめ

手放しワークで、一度に手放せるのはひとつだけ。
誰(何)を手放すかを決めましょう。

あなたは誰を手放しますか?

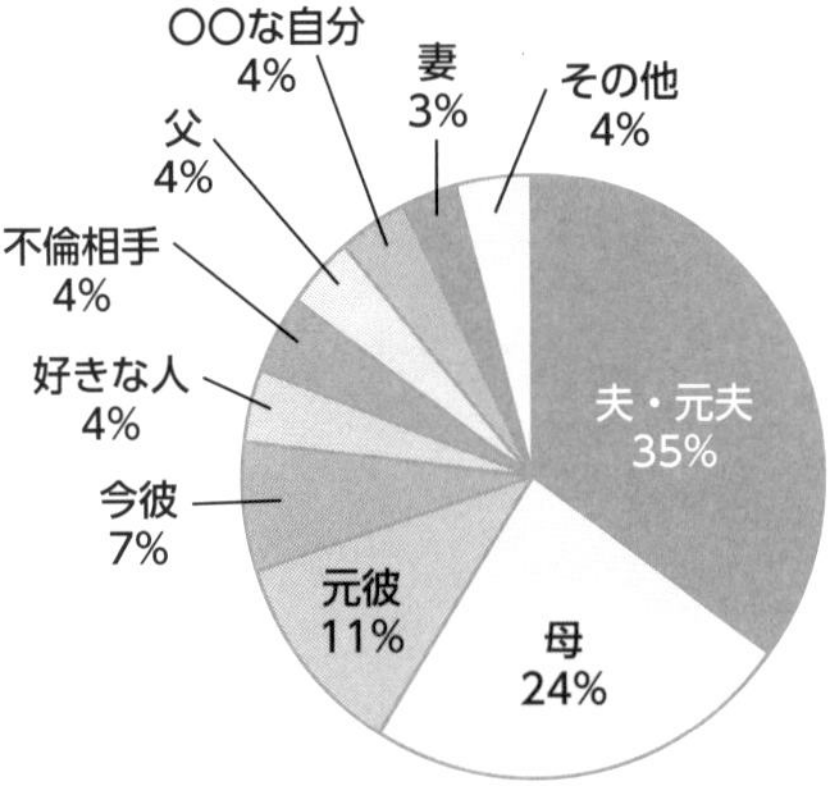

出典:セミナー参加者のアンケート結果

さあ、覚悟はできている？

この項では、手放しワーク（123ページ）プロセス1「あの人を手放す決意をする」の1〜4の順番にそって、ポイントを紹介していきます。

手放す決意

1［対象を決める］あなたは誰を手放しますか？

執着を手放したいと私のセミナーやセッションを訪れる人に、訪れた事情をこう話す人がいます。

「夫への執着を手放したほうがいいと言われた」

「根本さんのブログを読み、元彼を手放さないと次の恋がうまくいかない気がした」

そうしたきっかけで私のもとに来てくださるのは、うれしくありがたくもあるのですが、その一方で、ある疑念がわきあがるのも事実です。

・ほんとうに、その執着を手放してもいいですか？
・ほんとうに、手放す覚悟ができていますか？

まわりの人のすすめというのは「第4章」で説明した他人軸の発想です。**あなたの主体性が失われている状態です。**

執着は心の防衛反応でもありますから、手放しのプロセスは、ときには心に大きな負担を与えます。あなた自身が「私はこの執着を手放したい！」と、強く、そして主体的に望まないと、乗り切れないこともあります。

たとえば麻衣さんの場合、自分の意思で「母親への執着を手放す」と決意していたにもかかわらず、ワーク中に母親から身を離すイメージを思い浮かべたとたん、泣きくずれるほどの心の動きに直面したのです。

また、「幸せな恋ができない」といった事情は、掘り下げれば「怖《おそ》れ」が根拠になっています。

怖れや不安は、それ自体が執着の原因となり得るものです。

執着には至らなくとも、人は誰もが怖いことには関わりたくはないもの。そのため「○○したくない」「もう、○○はイヤだから」といった怖れを理由にすると、手放し自体がストレスになります。手放しのプロセスは長丁場になることが少なくありませんから、ストレスに負けて継続できなくなるのです。

私が考案した手放しワークは、自分自身を冷静に客観視できる意識が欠かせません。またワーク中にある程度の「痛み」が伴います。他人軸や、怖れや不安を理由にしていると、自分を客観視することも痛みを乗り越えることも、むずかしくなってしまうのです。

手放しには、覚悟が必要です。これをまず念頭においてください。

手放す決意 2

心がわくわくするような理由を見つける

［ポジティブな動機づけと目標設定］

私がとくに心配するのは、周囲に言われて手放そうとするケースです。手放しの理由を他人に依存しているのは、自分自身の心が手放す覚悟をできていない表れです。

最初のきっかけが人のすすめでもかまいませんが、やると決めたなら、あなた自身が「だから『私』は手放したい」という主体的な理由をしっかり手にする必要があるでしょう。

あらためて、あなた自身に問いかけてください。

・「私」が、その人を手放したい理由って、いったい何だろう?
・手放すことで「私」が手にするメリットって、どんなものだろう?

その問いにあいまいな答えしか見出せないなら、手放しワークへ進んでもあなたの心はここにあらずです。心はいつも逃げ場所を探して、手放したい相手としっかり向き合えません。

そうすると、せっかく時間をつくって手放しワークに取り組んでも、効果が感じられないままです。それはあまりにもったいなくはありませんか?

今ここで、あらためて自分の心に聞いてみてください。

その人への執着を、ほんとうに私は手放してもいいの?――と。

覚悟覚悟と言われていると、それだけであなたの心は反発してしまうでしょう。そもそも手放しは、痛みは伴いはしますが、執着から解放された未来を思い、とてもわくわくしながら取り組めるものです。

まずは、**ポジティブでわくわくするような理由を手にしてみましょう。**

たとえば、こんな感じです。

・夫への執着を手放したい

→もっと自由で私らしい夫婦関係を築く。夫とラブラブな毎日を送る！

・元彼への執着を手放したい

→もっと素直に私の魅力を発揮して、今彼の愛情を素直に受け取って、うんと楽しい恋愛をするぞ！

・母親への執着を手放したい

→ひとりの大人として自立する。自分がしたいこと、やりたいことを自由にやって幸せな人生を歩む！

どうでしょうか？　「周囲に言われた」「このままじゃ幸せになれない」といった理由よりも、はるかにポジティブで力強い感じが伝わってきませんか。

ネガティブな理由を動機にしてはダメだと言っているのではありません。執着で苦しんでいるのですから、動機がネガティブに偏るのも当然です。

ただ、**ネガティブなものをエンジンにしていたら、明るい方向へ動いていけません。**

だからこそ、右に挙げたポジティブでわくわくする理由があったほうがいいのです。

なぜなら、手放しワークを楽しめるから。

ネガティブな理由だけでは、楽しめません。楽しめないと、続けるのがつらくなってしまうでしょう。

手放す決意 3

「覚悟を試す宣言セッション」
私はあなたを手放して、自由になります

ポジティブな動機は見つかりましたか？

では、手放す覚悟ができたかどうか、ここでちょっと確認してみましょう。

次の簡単なセッションを行ってみてください。

①手放したい人を思い浮かべましょう。
②その人に向かって宣言しましょう。

「私はあなたを手放して、
自由になります」

もし、②のセリフをはきはきと口にできないならば、まだ手放す覚悟ができていないかもしれません。「離れたくない」「忘れたくない」という思いや、自分を自由にすることへの抵抗や疑いがあるのかもしれません。そういう状態ですと、その人を手放して次のステップへ進むという想像を、心が拒否します。だから、口に出して言えないのです。

もう一度、その人を手放すメリットや目的について考えてみましょう。
その人を手放すことへの寂しさや不安が心にわき出すかもしれません。その思いを

手放す人を宣言する

すべて受け止めながら、その人を手放すことで得られるであろう未来を、自由に想像してみてください。

自分がわくわくするような、早くその世界に行きたくなるような、そんなヴィジョンが描けたら最高です。

わくわくするヴィジョンが描けたら、再び、「宣言」セッションを行ってみてください。

どうでしょうか。今度はうまくいったのではないでしょうか。

宣言を口にした際に、「よし！」と思えたなら、ミッションクリア。もし心の中にざわつきを感じたとしても、前向きな意識が持てるのであれば、あなたは手放す覚悟ができたと言ってもいいでしょう。

その覚悟を胸に次項からの手放しワークを行えば、確実に効果が感じられると思います。

手放す決意 4

［質問に答えて心の整理］ノートに書く

では、あなたの心を整理してみましょう。手放しワークにはノート2冊を準備してもらいますが、そのうちの1冊を開きましょう。

そして、161ページの質問への答えを書き出していきましょう。

ノートに書き出していくと、さまざまな感情が出てくると思います。大丈夫です。それは手放しが、一歩前に進んだ証拠です。自分の感情に従ってください。

まとめ

「やってみたい！」と思えるような理由が見つかるまで、何度もトライしましょう。

手放しへ向けて
心を整理する5つの質問

質問1　あなたは今日、誰を手放す？

・まずはひとり、
今日手放す人を決める

セッションは何度も行うので、
今日は今日の人だけ

質問2　その人との間にどんなことがあった？

・その人との間に起きたこと

・自分がどう感じていたのか
（具体的に）

あなたが「その人」と
向き合う時間
時系列でも思いついた順番でも
どちらでもＯＫ

質問3　手放す目的、理由は？

・わくわくできる理由

・ポジティブな理由

心が前向きになる理由をたくさん
見つけよう

質問4　手放すと、どう変わる？

・手放したあとの
自分の気分や状態

・日常生活などの変化

自由に想像してみよう
感覚的な目標設定にもなる

質問5　今、その人に伝えたいことは？

・その人に手紙を書くつもり
で素直に

今伝えたいことを素直に書こう
怒りや悲しみ、感謝、愛情など
何を書いてもＯＫ

決意と癒やしのイメージワーク

手放す決意 5

［対象と向き合う］その人と向き合うイメージワーク

前項の質問事項（161ページ）のうち、「⑤今、その人に伝えたいことは？」については、すぐには書けない方もいらっしゃるかもしれません。まだ始めたばかりなのですから、これは当然です。できないからと焦る必要はまったくありません。

並行して、イメージワークでその人と向き合ってみましょう。

イメージを使うので、目をつむって想像するのがベストです。でもそうするとこの本が読めませんから、読みながら想像するのでもＯＫです。

さあ、さっそく始めてみましょう。

1 ▼ その人があなたの目の前にいます。

・どんな表情をしている？

・あなたと目を合わせてくれる？

2 ▼ それを見て、あなたはどんな気持ちになりますか？

ただ、その気分を感じてみましょう。

どんな気分になっても大丈夫。

怒りでも悲しみでも、そして、感謝でも、愛情でも。

3 ▼ その気持ちを言葉にして伝えてみましょう。

・「私は今とても悲しい」など

4 ▼ その人はどんな表情になりましたか？　その表情を見て、
あなたはどんな気持ちになりますか？

・先ほどと表情は変わった？　それとも変わらない？

5 ▼ 言いたいけど言えなかったこと、言ってはいけないと我慢したこと。そんな言葉を思いついたら、声に出して伝えてみましょう。

6 ▼ その言葉を伝えたあとの気分をただ感じてみてください。

7 ▼ さあ、意識をこの部屋に戻してください。
そして、深呼吸しましょう。

8 ▼ あらためて、その人を思い浮かべてください。

9 ▼ 次の言葉を声に出して10回、言ってみましょう。
「私は今日○○を手放して、自由になります！」
・ふだんその人を呼んでいる名前で
・できるだけ胸を張って

手放す決意 6

［自分を癒す］
自分をいたわるイメージワーク

もう1つは、傷ついた自分と向き合い、愛するイメージワークです。

前項の「その人と向き合うイメージワーク」は、ときにあなたの心を苦しみで満たします。私たちは苦しいことがあったとき、相手を責める気持ちがある一方で、自分をひどく傷つけようとします。「こんなんじゃダメ」「もっと頑張らなきゃ」と自分にダメ出しをしたり追いたてたり、自分に鞭《むち》を打つことをしてしまうのです。

あなたは十分苦しんできました。**今日はそんな自分をただ受け入れ、慰め、いたわり、そして、愛することを選択しましょう。**

うまくできなくてもかまいませんし、イメージの中の自分に怒りを覚え、抱きしめられないこともあるでしょう。そういうときは、ただその気分を感じ続けます。

そうすると少しずつその思いが薄れてきて、自分を受け入れられるようになっていきます。では、再びイメージの世界に入っていきましょう。

1 ▼ 目の前にタイムマシーンがあります。
さあ、これに乗って会いに行きましょう。いちばん苦しかったころの自分に。
・苦しい時期がたくさんあるなら、どれか1つに
・直感で選んでOK

2 ▼ 当時の自分がいます。
・どんな表情をしている？

3 ▼ その表情を見て、あなたは何を感じるでしょうか？
・どんな言葉をかけてあげたいでしょうか？
・声に出して伝えてみましょう

4 ▼ あらためて今、どんな気分がするでしょうか？
もし、再び伝えたい言葉があれば、それをただ伝えます。

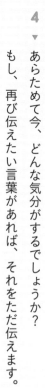

・×叱咤《しった》
・×励まし
・○優しいねぎらいの言葉

5
▼伝えたい言葉をみんな言ったら、そっと手を伸ばして、
あのころの自分を抱きしめてあげましょう。
・どんな気分がする？
・あなたの腕の中で、あのころの自分はどんな様子？

6
▼背中をさすり、頭をなで、手を握ってあげましょう。
・あなたの心が少し落ち着くまで

7
▼あなたはじっと抱きしめています。
・どんな気分がする？
・あのころの自分はどんな反応をしている？

［実践編］
手放しワーク

第6章

「御恨み帳」に感情を吐き出す

ネガティブな感情をノートにどんどん書き出そう

手書きの御恨み帳

手放しの覚悟ができたら、次は、自分の感情と向き合うワークに進みます。手放しワークのプロセス2「『御恨み帳』に感情を吐き出す」にあたる部分です。

第2章で「執着が映し出す感情」について説明しましたが、そこで挙げたもの以外にも、ほんとうにさまざまな感情が映し出されるものです。あなたは今、そのような感情を自ら抱え込んでいるのです。

こういった感情は、執着を手放そうとするあなたを妨げるだけでなく、よりいっそう執着を強めさせてしまうことも。これらの感情を解放すれば、あなたの手放しは大きく一歩前進します。また心に余裕が生まれ、おおらかな気分、落ち着いた気分などが訪れるので、相手に自然に感謝できるほどのポジティブな気持ちがわき出してくることもあります。

ネガティブな感情を吐き出してもらうため、私の手放しワークではノートを使います。ネガティブな感情をただ頭の中で解消しようとすると、脳内をひたすらぐるぐる回るだけでなかなか解消されません。ノートに「書く」という行為によって、書いた文字と一緒に外へと解放されるのです。

これを私は「御恨み帳」と呼んでいます。

今の時代に、あえてノートに手書きです。これはいろいろと試した結果として、最も効果的だとわかったからです。

パソコンやスマホに打ち込んでも、一定の効果は認められます。しかし手書きならば、思わず力がこもることによる筆圧の変化、あるいは書き出した文字の大きさなどで、その感情をより柔軟にもっと多彩に表現できます。

用意するのは、ふつうのノートでかまいません。私のセッションでは「手放しをしよう」という気持ちにさらに前向きになってもらうために、ちょっと高級な和紙を用いた特製ノートを用意しています（ちなみに販売もしています）。

本章から第7章にかけてのセッションも、自分軸を確立し自己肯定感を上げるセッション（第4章）同様に、あなたの心を変えていく作業となります。

実際にどのように変化していくのかがわかるように、先に紹介した事例からサンプルに登場してもらおうと思います。母親に執着している麻衣さん、厄介な友人関係を捨てられない彩さん、子離れ問題に直面中の美咲さん、お金に執着している誠さんです。

ノートにあふれる本音

御恨み帳を書く際は、次の原則を必ず守ってください。

スッキリした気分になるまで、やめずに書き続けること。

感情がわき出ている最中でやめてしまうのは、尾籠《びろう》なたとえで恐縮ですが、久々のお通じの真っ最中にトイレを出ようとするのと同じ。はい、大変に危険です（笑）。

だから、十分な時間を確保することをおすすめします。少なくとも2〜3時間は取ったほうがいいでしょう。

では、御恨み帳のワークを始めましょう。

その人に対してわいて出てくる感情を、思う存分、ノートに書きなぐってください。書くコツは、**その人のことを思い浮かべて感じる感情を、ただただ書き出していきます。**

誰かに見せるものではありません。どんなことを書いてもOKです。

許せないこと。怒っていること。イヤだと思っていること。我慢していたこと。恨んでいること。憎んでいること。嫉妬。不安。怖《おそ》れ。悲しみ。寂しさ。あるいは、言えなかったこと。してあげたかったこと。謝りたいこと。今言いたい気持ち。

浮かんだ感情を、ひたすら書き綴《つづ》るのです。

同じ感情ばかりが浮かんでくることもあるでしょう。そのときは、何度も何度も、その感情を書き出していけばいいのです。ある人は、「悲しい」という言葉を10ページずっと書き続けていたそうです。

感情は地層のように重なっているものですので、ある感情の層がはがれ落ちると、その下の感情が顔を出します。たとえば、はじめは怒りがたくさん出てきたのに、だんだん悲しい気持ちになり、その次には寂しさが出てきたりします。しかもその下には、さっきはがれ落ちたはずの怒りが別の層になっていて、再び出てくることもあるのです。

そんな変化も、ただあるがままに書き出していきましょう。

母親に執着している麻衣さんにも、御恨み帳を書くことを宿題にしました。

じつのところ、麻衣さんは母親への愛情が強いので、あまり書けないだろうと思っていたのですが、2回目のセッションに来た彼女はこう報告したのです。

「自分でもびっくりするくらい、母への不満や怒りが出てきました」

それはたとえば、こんなものだったそうです。

「母は体が弱いから、私がしっかりしなくちゃいけない」

自分が母親の側にいて、守らなければいけない――そんな強い義務感を、彼女はあたりまえのものとして身につけていました。その思いは、母親へのたくさんの愛情から生まれたものでした。しかしその一方で、つねに母親を優先する義務感のために、麻衣さん自身が我慢したこと、犠牲にしたこともまたたくさんありました。

いつも自由がなかった。友達を家に呼びたかったのに。もっと甘えたかったのに。母の様子ばかり気にして、自分の幸せをなおざりにしてしまった。

書き進めるにつれ、母親への「御恨み」があふれるように出てきました。そして麻衣さんは、こんなことまで思っている自分を知ったのです。

「私が結婚できないのは、母のせいだ！」

執着は母親が原因と気づいていた麻衣さんも、「母親のせいだ」という恨みの感情までは知りませんでした。御恨み帳に書き出されたのは、麻衣さんも気づいていなかった母親への本音でした。

そんな思いを持っていたことを知り、麻衣さんの心には、母親への申し訳なさから来る罪悪感が現れたり、また、娘の自分にそんなふうに思われている母親の気持ちを思いやっていたたまれなくなったり、ほんとうにさまざまな感情が動いたそうです。

まとめ

御恨み帳は、心の健康を保つための大切なノート。
思い浮かんだ感情はぜんぶ書き出しましょう。

怒りやイライラとどう向き合えばいいの？

御恨み帳 1

怒り、嫉妬、みにくい感情に蓋をしない！

御恨み帳を書いていると、ほとんどの人がある強い感情に遭遇します。

それは、怒りです。

怒りは手放しにとって、とても大切な感情です。「怒りの力で手放しを推し進める」と言っても、過言ではありません。

怒りは、あなたが自立するときに必要なエネルギーです。

執着しているときは依存している状態なので、つねに「その人に何とかしてもらいたい」と思っています。「自分では何もできない」と思っているので、相手に見捨てられたり嫌われたりすることを怖れ、怒りをあえて感じようとしません。心が麻痺し、

「何も怒りを感じない」人もいます。「何もできない自分」という自己否定も加わりますから、とてもつらい状態です。

自分軸が確立し自己肯定感が上がると、このつらさを客観視できるようになり、たとえば「私はこんなに愛していたのに！」といった怒りに変わります。この怒りのエネルギーを使って、「もうあなたには頼らない。自分で何とかする！」という自立が始まるのです。

しかし、あなたがこれから手放す人は、もともと大好きだったり、関係が深かったり、大切にしたいと思っていた人がほとんどのはず。そんな人に怒りを発散することに強い抵抗を覚える人も珍しくないでしょう。

ですから、あなたは自分自身に対して、「怒っていいよ」と許可しなければなりません。素直に怒りを出せたとき、あなたはその人を手放す準備ができるのですから。

ただし、怒りが強い状態だと、怒りの対象のことを考え続けてしまいます。見返してやろう、復讐《ふくしゅう》してやろうと、気がつけば、その人が主人公の他人軸に陥ってしまいます。

だからこそ、御恨み帳というコントロールしやすい環境で、怒りを解放するのです。

ズバリ言いましょう。

あなたの目の前の御恨み帳、それは「便器」です。トイレのあの便器です。

そして、あなたが感じているその怒りは――そう、ウンコです。

怒りがたまった状態とは、いわば便秘になっているようなもの。じつに不健康です。出してスッキリしましょう。

でも下手に下剤を飲んで、とんでもないところで便意を感じたら大変です。その辺で出しちゃいますか。いやいや、やはりトイレに行かなくては。

御恨み帳は、怒りを出すためのトイレの便器なのです。もちろん、**怒り以外の感情もどんどん受け入れて、ジャーッと流し去ってくれます。**

しかも、**誰にも見られず、安心安全。**だから思う存分感情を出して、スッキリした気分になってください。

御恨み帳 2

感じたことを言葉に出して言ってみる

でも、自分がウンコ、いえ怒りを出すことで、その人に迷惑をかけるのではないか――あなたはそんな心配をしているのではないでしょうか。

執着という鎧《よろい》で心を守っている人には、心根がとてもいい人が少なくありません。「トイレに行きたい」と思っても、迷惑かもしれないとなかなか言い出せず、もじもじ我慢してしまうのです。でもそれでは、ますます便秘になってしまいます。

厄介な友達に疲れているのにつき合いを断れない彩さんも、そういうタイプでした。

そこで私は、彩さんが語った悩みを、彩さん自身を主語にした文章に変換して口にしてもらいました。

「私はね、ほんとうは、あなたといるとめっちゃ疲れるの！」

「ほんとうは私、あなたのことが大大大、大っ嫌い！」

このように、あえて大げさに怒りを表現してもらったのです。またまた尾籠なたとえですが、ちょっと浣腸をしたわけです。

これにはとても抵抗があったらしく、彩さんはすぐには言葉にできませんでした。それでも思い切って言葉にしてみると、まるで憑《つ》きものが落ちたように、彩さんの表情はスッキリしたものに変わりました。

そのうえで御恨み帳を書くのを宿題にしたところ、次回のセッションで彩さんはこう言いました。

「御恨み帳にいろいろ書いているうちに、あの子の存在に縛られているんだなって、気づきました。それに今の友達関係って、私が望んでいないものがあまりに多いんだなあって」

前回のセッションで私が「気の乗らない誘いは断ってもいいんじゃない？」と提案したときには、「以前からの友達だし」「次は誘ってもらえないかと不安になる」とあれこれ理由を挙げて拒否した彩さんですが、今度は自分からこう宣言しました。

「私、いい人をやめます。『会いたくない人には、会わない』ってことにします」

そして実際にそう心がけていたら、彩さん自身の気持ちがどんどん楽になっていくだけでなく、友人関係にもさまざまな変化が現れました。

結果的に彩さんが心地よく感じる友達だけが残ったため、今までよりよい関係が築けるようになりました。気が合う分、ショッピングや旅行など、一緒に過ごす際の楽しいアイデアも次々と思い浮かびます。SNSのやり取りをしていても楽しいし、「何でも正直に話し合える友達がいる」ということに、彩さんはとても幸福感を感じるのです。

「そういえばここのところ、まわりの人たちから『なんか最近明るいよね』と言われるんですよ」

そう話す彩さんに、私は答えました。

「彩さんはもともと明るいい人ですよ。いい人っていうだけじゃなくね」

御恨み帳 3

書き切れない思い

また、まだ御恨み帳を始めていないうちに、こんな心配をする人もいます。

「その人に対する感情が大きすぎて、書き切れる気がしない」

私はこうアドバイスします。「あまり先読みして考えないほうがいいですよ」と。

先のことをあれこれ考えてしまう気持ちもわかりますが、まずは、今感じている感情を1つずつ解放していくところから始めてみてください。

ネガティブな感情と向き合うのが苦痛なのは、当然の心理です。そもそも人は、自分自身の心と向き合うことに対しては、ネガティブだろうがポジティブだろうが抵抗を覚えるものなのです。とくに、今まで感情を抑圧してきた人ほど、その抵抗が大きい傾向にあります。ため込んだ感情が大きすぎて、きちんと処理できるか不安になってしまうのです。

しかしその不安、言い換えればこんなことなのです。

「久々のお通じが来そうだ。何日も続いた便秘だったけど、大丈夫かな、トイレが詰まってしまうんじゃないかなあ」

現実はどうでしたか。トイレ、詰まりましたか？　滅多にないと思いますが、どうでしょうか。

しかも、御恨み帳はノートです。そのあたりは便器と違って、1冊がいっぱいになれば2冊目を開けば済む話です。実際、夫や母親など関係が深い相手への手放しは、ノート5冊分、10冊分になることも珍しくありません。

また、御恨み帳を書いている最中には、怒りの矛先が変わってくるケースもよくあります。「元彼に対してどんどん書いていたら、母親への怒りへと変わった」「夫に対して書いていたら、途中から自分に怒りが向いた」というふうに。

そもそも感情には、「これは元彼用の怒り」とか、「母親専用怒り」というラベルが貼られているわけではありませんから、そういうことは頻繁に起こります。また、人間関係に別の過去の関係が投影されているのはよくあることなので、途中から怒る対象が変わるのは自然なことです。

感情のままに書き綴るのが、御恨み帳の大原則です。相手が変わったとしても、原則として、無理に戻そうとはせず、自然に書き進めてください。元彼への手放しワークが、同時に母親の手放しにもなったケースは多くあります。

ただし、やっていて「でも私、母親ではなく元彼を手放したい！」という強い思いを感じたなら、そこは軌道修正してOKです。あらためて元彼に対する感情を書き出していきましょう。

こうしてひたすら怒りを吐き出していくと、不意に何の感情も感じなくなる瞬間があります。あるいはいざ書き出そうとしても「今日は怒りも恨みも思いつかない」ということもあるでしょう。

そんなときは、そのことを書けばいいのです。

「何も感じないから、書くことがない」

「あなたに何か言いたいんだけど、何も出てこない」

正直な気持ちが「何も感じない」なのですから、それをひたすら書き綴っていきます。

じつは、何も感じないのは感情の「踊り場」のようなもので、1つの感情の層がはがれ落ち次の感情の層に移るという直前には、よく起きることです。

しかも、そこで「何も感じない」というのは、新たに顔を出したその感情が今まであなたが麻痺させてきた感情であることが多いのです。

だから、何も感じないことをただそのまま書き綴っていると、突然また、別の感情がわき起こってきます。急に悲しい気持ちになったり、今まで以上に大きな怒りが出てきたり、なぜか無性に自分が情けない気持ちになったりするのです。

そうなったら、その感情を書き綴っていけばいいのです。

4 自分に起きた小さな「変化」を楽しむ

子離れ時期で娘たちの行動にイライラしてしまう美咲さんが御恨み帳で怒りを向けたのは、子ども時代に自分に厳しくした母親でした。

「自分でもびっくりするくらい、御恨み帳が書けました」

母親の「もっときちんとしなさい」「しっかりなさい」という言葉どおり生きてきて、いつも「ちゃんとしなきゃ」と頑張りすぎていた美咲さんは、心の中にたくさんの怒りをため込んでいたのです。

しかしひとしきり怒りを出したあと、彼女の心にふとわいたのは、そんな母親を理解する気持ちでした。

美咲さんの母親は姑《しゅうとめ》との関係がうまくいっていなかったのですが、まだ子どもだった美咲さんはそれが大したことだとは思っていませんでした。しかし自分が大人になり妻になって、それがどれほどつらい毎日であったか、急に思いが至ったのです。

また、知り合いのいない東京で頑張って子育てをしていた母親と、「夫が手伝わない」と不満を抱えながら育児をしている自分と、じつは同じ思いで苦しんでいるのではないか、そんなことにも気づきました。

「ああ、そうだったんだね、お母さん。そう思ったら、あんなにも怒っていたはずが、母への愛情が新たに生まれてきて、ふっと心が軽くなったんです」

美咲さんのように、**御恨み帳を書いているとふと気分が上向いたり、客観的な気づきが訪れたり、新たな見方ができるようになったりすることがよくあります。**

御恨み帳を使ったときに訪れる気持ちの変化

気分が変わる	・気分がけっこうスッキリして、軽いかも
気づき	・あの人のことが大好きだったんだな ・大好きで気づかなかったけれど、すごく我慢していたようだ
評価	・なんか自分のことがかわいそうになった ・自分はほんと頑張ってたな、と思えた
新たな見方	・悪気はないんだろうけれど、やり方や表現が合わなかった ・おたがい頑張っていたけど、私たち相性がよくなかった

これはあなた自身に訪れたポジティブな変化です。その変化を受け取るために、感じたこと、思いついたことはすべてノートに書き出しましょう。ただ心にとどめておくのではなく、書き出すことに意義があります。

2年前に浮気をした夫への怒りを今もコントロールできず悩んでいた恵さんにも、御恨み帳を書いてもらいました。

恵さんの事例を紹介した際に、私が「怒りとは、ほんとうの感情を隠すための蓋」と述べたのを覚えているでしょうか。何度も書くうちに怒りの蓋が外されたのでしょう、恵さんはさまざまな気づきを手にしていったそうです。

この2年間自分に責められて、どんなにか夫はつらかっただろうということ。浮気された自分もつらかったけれど、妻を裏切った事実に向き合う夫も苦しかったに違いないこと。そんなふうに夫を責め続けていられたのは、じつは自分が夫の愛情にあぐらをかいていたこと。そのすべてに気づかないままだった未熟な自分。

気づきとともに徐々に心の痛みが癒やされ、夫の浮気の思い出への執着が放れていきました。

そしてある日、恵さんは「もうこれで、怒るのは終わりにしようと思います」と言いました。この2年間のできごとは恵さんにとってほんとうにイヤなことでしたが、そのおかげで成長できたところもたくさんあったのだそうです。これからは夫にもっと感謝や愛情を伝えていきたいのだと、恵さんは言います。

「ご主人にはどう話されますか」

そう私が尋ねると、恵さんはぱっと顔を輝かせ、

「主人にはもう言いました。そしたらにっこりと笑ってくれて、私、そのとき思ったんです。『いい人と結婚できた』って」

晴れ晴れとした表情で、そう答えてくれました。

まとめ

怒りは手放しを進めるうえで大切な感情です。
怒りの先に「気づき」が現れるまで続けましょう。

関係性を見直して もっと前向きになる方法

ワーク 1

相手の「いいところ&悪いところ」を20個ずつ挙げてみる

御恨み帳を続けると、ネガティブな感情から心が解き放たれ、その人へ向かう感情も変化していきます。次のプロセス、「感謝の手紙を書く」に進むときが近づいてきたのです。

しかし、「御恨み」から「感謝」への一足飛びはなかなかむずかしいもの。まずは意識を少しずつ前向きな方向へと変えていきましょう。

新しいノートを開いてください。

その人の「いいところ」と「悪いところ」を20個ずつ書き出してみましょう。いいところ、悪いところはあなたの主観によるものでかまいません。

これの最も重要なポイントは、いいところと悪いところを必ず同じ数にするという点です。

もしあなたの執着がまだ強ければ、いいところは書きやすく、悪いところは出てきにくいでしょう。また、あなたの心に怒りの感情がくすぶったままだと、今度は悪いところばかりがスラスラ浮かぶはずです。

ですから、必ず同じ数だけ挙げてください。これはできるだけ客観的に、フラットにその人を見る意識を養うためです。

「いいところもあるし、悪いところもある」と、その人を見ることができただけでも、少し手放しのプロセスが進みます。

ワーク2 愛し方の違いを受け入れる

その人のいいところと悪いところ、どちらも客観的に見られるようになったら、今度はその人がどんなふうに他人を愛する人であるかも、見てみましょう。

愛情表現は一般的に次のようなものがあり、通常は複数が組み合わされます。ちなみに私は④と⑧は「ほんとうの愛なのか」懐疑的な見方ですが、現実問題として、愛情からこういう行動に出る人は案外多いようです。

ここで重要なことは、どんな愛情表現を好んで取るかは、人それぞれ異なるということです。同様に、どんな愛情表現をされるのを好むかも、人それぞれ異なります。

愛情表現の9タイプ

1	言葉で伝える
2	プレゼントを贈る
3	スキンシップ
4	心配する
5	見守る
6	尽くす
7	一緒にいる
8	相手の意向に従う
9	責任を取る

好む表現がすれ違うと、愛の送り手は「愛を受け取ってもらえない」、受け手は「愛されていない」と感じます。それが喧嘩《けんか》や仲違《なかたが》い、別れ話をもたらします。人と人の関係はつねに双方向ですから、その人の愛情

表現の好みと同時に、あなた自身の好みも問題となるのです。

その人はどんな愛し方をして、どんな愛情表現を求めるでしょうか。

あなたはどんな愛し方をして、どんな愛情表現を求めるでしょうか。

たとえば、あなたはストレートな愛情表現の①「言葉で伝える」や③「スキンシップ」を望んでいます。

一方、相手は間接的な愛情表現である⑤「見守る」を愛し方に選ぶタイプだとしましょう。するとあなたは、「愛されてない」という思いを持つに違いありません。

これは愛情表現のすれ違いから来る、ただの誤解です。しかし、それが恨みつらみ、寂しさや悲しみとしてあなたの心に記憶されたとするならば、それは悲劇です。

御恨み帳の怒りの中に「あの人が自分のことを愛してくれない」という感情が伴うならば、一度その人の愛情表現がどんなものか、見つめ直すといいでしょう。

もしかしたら、その人はあなたを愛していて、ただ愛情表現が違っていて、あなたがそれに気づいていないだけ。そちらが真実なのかもしれないのです。

ここで注意しておきたいことがあります。

仮にあなたの誤解がわかったとしても、それはあなたの責任ではありません。そのことで自分を責める必要はありません。

ただ、そうと知らなかっただけ。それがわからなかっただけ。そんなの想像もしていなかっただけ。だって、ほんとうに知らなかったのですから。

あなたには、何の罪もありません。

そして、誤解に気づけたのですから、今からその人の愛を受け取ることができます。そこに感謝の思いを持つこともできるでしょう。

その人がほんとうはあなたを愛していたとわかったとき、あなたはその人を手放すプロセスを大きく進めたのです。

ワーク 3

お金を擬人化してみたら

これまでの話は人を手放す設定で述べていますが、ものやこと、たとえばお金や仕事などにも対応するものです。

擬人化すればいいのです。

心理学ではしばしばこの擬人化という考え方が用いられており、私のセミナーでもたとえばお金のことを「お金さん」「諭吉さん」などと呼び、人と接するように扱います。

お金への執着から極端なケチケチと散財をくり返す誠さんにも、お金を擬人化してのワークにそれぞれ取り組んでもらいました。

以下は、誠さんが書いたお金の印象です。

「やる気の元になるもの。そばにいてくれると安心するもの。その一方で、自分の都

お金のワーク

1	「お金は○○である」。 ○○にあてはまる言葉を ポジティブなもの・ ネガティブなものそれぞれ ２０個以上挙げよう	（例）怖いもの、なくなるもの、必要なときにないもの、頑張らないと手に入らないもの、自分がしたいことを実現させてくれるもの、可能性を広げてくれるもの、喜びを与えてくれるものなど
2	あなたの両親はお金を どのように扱っていた？ 今、どれくらいその影響を 受けている？	（例）人に頼られると安請け合いにお金を貸す父親。つねにお金に困っている母親
3	お金を「人」にたとえると、 どんな性格？	（例）冷たくて、無愛想

合ばかりのいいかげんなやつ。冷たくて、無愛想」

それを自分で眺めながら、誠さんは言いました。

「こんなやつが実際に近くにいたら、ちょっと友人にはなりたくないですね」

彼はまた、御恨み帳の宿題にも取り組みました。

書き始めには、怖い、不安などネガティブな思いがわき出てきました。その気持ちを書き出しているうちに、子どものころのお金の記憶、つまり人に頼られては安請け合いにお金を貸す父親の顔、つねにお金に困っていた母親の顔が浮かび、また学生時代のお金の記憶、1週間を「夏目さん」2枚で過ごしたことを思い出して、苦しくなったそうです。

私が興味深く感じたのは、誠さんのこんな言葉でした。

「お金への怒りを書いているはずが、いつのまにか怒りの矛先が『人』に向いていくんです」

何度御恨み帳を書いてみても、最初はお金への恨みつらみが出てくるのですが、やがて心の中に眠っていた別の怒り、「家族の苦労を顧みず、湯水のようにお金を使う父」「節制しながらも密かにヘソクリを貯めて、自分だけきれいな服を買っていた母」に対する怒りが顔を出してきます。

それればかりか、そのような過去への怒りだけでなく、「自分がこれだけお金に悩んでいるのに、その気持ちをまったく汲んでくれない妻」に対する怒りも出てくるのです。

さらに誠さんは言いました。

「その後に出てくるのが、私への怒りなんです。自分の勝手で妻にお金を管理させないでいるのに、その妻に対して『わかってない』とか言って、やはり勝手に怒りを覚えているんですから」

御恨み帳を書いているうちに、自分が最低な人間に思えてきて、強い自己嫌悪を覚えたそうです。

幸い誠さんは仕事に対して自信を持っていて自己肯定感が決して低くなかったため、自己嫌悪を乗り越え、短所として認めることに成功しました。自分の隠れた本心に愕《がく》然《ぜん》としつつも、「自分にそんな面があったと客観的にわかってよかった」と言います。

誠さんは、奥さんに頭を下げたそうです。

「いろいろと振り回してしまい、申し訳ない」と。

まとめ

執着対象には、いいところも悪いところも。

そのことに気がつくと、手放しが一歩前進します。

これまでのすべてのことには価値がある

その人からあなたが学んだこと

御恨み帳で感情の整理と新たな気づきを手にすると、あなたの心はもう、手放しに向けてどんどん進んでいきたいと感じています。

その歩みの足下を固めるのが、これまでのすべてを肯定するワークです。


では、あなたに質問です。

その人と出会い、ともに生きたことで、あなたが学んだもの、成長したところはどんなことでしょう。

質問が、成長したことが「あるか」ではなく「どんなことか」だという点に気づいたでしょうか。

あなたが確かに学び、成長しているからです。

執着する苦しさの中で学べることなどなかったと思うかもしれませんが、私はこう思うのです。

問題（痛み）の大きさと恩恵の大きさは、等しいもの。

あなたが大きな苦しみや悲しみを感じたとするならば、その大きさの分だけ、あなたは大きく成長し、学び、そして恩恵を受け取っています。問題を乗り越えることで、あなたはこう思えるようになるのです。

「こんなにすばらしいことがあるのだから（恩恵）、あの問題が起きてほんとうによかった」

「複数のことがらへの執着」で紹介した裕子さん（夫と義父母と家に執着していた彼女）は、夫と離婚するときこう感じていました。

「今回の結婚は、じつはすべて、この優しい義父母と出会うためだった」

その機会をくれた夫に、今はただありがとうと言いたい。夫との出会いから今までに起きたできごとに心から感謝しながら、裕子さんは新しい世界に進んでいきました。

その人との出会いと関係を通じて、あなたが学び成長したこと――ここまでのプロセスを経てきたあなたは、すでにいくつも思いついているはずです。


でも、もしかしたら、何も思い浮かばないかもしれません。それもまた、大切な気づきです。

あなたの心の中には、まだ、処理しきれないネガティブな思いが残ったままであるかもしれない。そのサインだからです。

そのときは再び御恨み帳を開きましょう。

その人に対して感じる思いを、再びありのまま書き出してみてください。そして、また心がスッキリしたならば、あらためてこの質問に向き合ってみてください。

その人と出会い、ともに生きたことで、あなたが学んだもの、成長したところはどんなことでしょう。

御恨み帳を処分するとき

最後に、これまで書いた御恨み帳をどうするかについて、お話ししましょう。

意外によく寄せられる質問が、「御恨み帳に書きなぐった内容は、もう一度読み返したほうがいいのでしょうか」というもの。これについては、またまた尾籠なたとえでお答えしましょう。

みなさんは、トイレに流したウンコをわざわざ追いかけて、もう一度見たいと思いますか。

……。

はい、ですから、御恨み帳についても、書き終えたページは二度と開かなくてけっこうです。1枚書くたびにページを破り取ってゴミ箱に捨てる、そんなやり方もあるくらいです。

同様の理由で、書き終えたノートは速やかに処分することをすすめています。

私のクライアントにこんなことがありました。彼女は書き終えた御恨み帳計10冊を、クローゼットに保管していました。ところが、ご主人が何かの拍子にそれを見てしまい……。

ドン引きされたそうです。

救いだったのは、そこに書かれていたのが彼女の実母に対する御恨みだったこと。おかげで夫婦の危機にはなりませんでした。

御恨み帳に書かれたことは、「怒りの炎」と呼ばれるくらいの内容です。本来なら、火にくべてしまうくらいにしたほうが、心がスッキリするでしょう。

じつはかつて、「御恨み帳をお焚《た》きあげする会」というイベントを仲間と開催したことがあります。

「なんかスッキリする！」

「気分がどんどん上がる！」

参加者はとても楽しそうに、自分の御恨み帳を火に投じていました。

ただ、昨今の住宅事情ではなかなか燃やせる場所がありません。ちぎって丸めてゴミの日に出すなり、シュレッダーにかけて燃えるごみに混ぜ込んでしまうなりするのがいいと思います。

お焚きあげしなくても、**ネガティブな感情を満載したノートを身のまわりから処分すると、不思議と心がスッキリするものです。**

まとめ

あなたが成長したのはどんなところですか？
見つからなければ再び御恨み帳を開きましょう

［実践編］
手放しワーク

第7章

感謝の気持ちを伝えて新たなスタートをきる

あの人への感謝の手紙

純粋な愛に感謝する

前章の終わりに、あなたはその人と出会い、ともに生きたことで自分が学び、成長したところを見つめ直しました。これまでのすべてのことは、あなたにとって意味があり、あなたに価値を与えてくれるものでした。

あなたがそれを見つけたなら、次の段階へ進むときです。

学びを与えてくれたあの人に対して、感謝の言葉を綴《つづ》りましょう。

この「感謝の手紙」こそ、執着を手放すプロセスの本体と言っていいものです。

これを聞くと、手放しというものに無関係に生きている人は、「意味がわからない」

という反応を見せます。これまであなたを苦しめてきたその人、これから手放していこうという相手に対して、どんな感謝することがあるというのか、そう考えてしまうのです。

しかし、御恨み帳でさまざまなネガティブな感情を吐き出してきたあなたは、私のこの提案を、ストンと心に受け入れるでしょう。**感情を出したあとには、その人を愛し始めたころの純粋な愛が残るからです。**

「あの人がいるだけで幸せ」

愛を綴るのが目的であって、手紙を送るのが目的ではありません。

・自分が今、その人に感謝したいこと
・その人と出会えてよかったこと
・その人との関係のおかげで、自分が気づき成長したこと
・これまでのできごとを経て、自分がさらに成長したこと
・その人が、その人であってよかったこと

書く内容は、**ただその人に対する感謝の思いだけ。**どんなかたちでもかまいません。

イメージとしては、結婚式で読みあげる両親への手紙という感じでしょうか。

もちろん、今すぐに感謝の思いがわいてこないというのは、よくあることです。お金への執着を手放そうとしている誠さんもそうでした。

そこで誠さんは、「毎日お金に感謝の手紙を書く」というテーマをあえて自分に課したそうです。2週間くらい取り組んだあと私のセッションに訪れたとき、誠さんの表情は柔和なものに変わっていました。お金に対してポジティブな思いを持てるようになったと実感でき、それがうれしいということでした。

この感謝の手紙は、ネガティブな感情がポジティブに変わったことを、あなた自身が確かめることでもあるのです。

感謝の100個リストをつくる

感謝の手紙は他人が読むものではありませんから、箇条書きでもかまいません。

私はよくこんな宿題を出します。

「その人に感謝できることを、100個探してください」

「えっ⁉　ひゃっ、100個ですか？」

大概の人が驚きますが、すぐに見つからなくても、1か月、2か月とかけると意外とできるものです。

私もかつて、この100個のリストアップを試してみたことがあります。毎日取り組んだわけではないので参考値と言えますが、母に対する感謝リストを仕上げるのに2か月、父のものは3か月もかかりました。

しかし、そうして100個の感謝がリストアップされたノートをあらためて見ていると、とても心が温かくなりました。

「この人が母であり、父であったことが、ほんとうによかったなあ」

そう心から実感できました。

この感謝の手紙はその人に渡すものではないと先ほど書きましたが、それは「出さない手紙」としたほうが、好きなことを自由に表現できるからです。

実際には、本人に渡してもいいし、渡さなくてもいい。あなたの気持ちで決めてけっこうです。

もし相手があなたの苦しみを知っていて、同じように苦しんでいたとしたら、その手紙はすばらしい救済となるでしょう。

心が愛で満ちる

なお、感謝の手紙を書こうとすると、ふと忘れていた怒りや悲しみに出会う場合があります。書き始めのうちはいいのですが、なぜかイライラしたり、過去のできごとを思い出しイヤな気分になったりするのです。ある相談者は「母親に感謝の手紙を書こうとしたら、また恨みつらみがあふれてきて、自分にびっくりした」と報告してくれました。

そんなときのために、**御恨み帳をすぐ近くにスタンバイしておきます。**感情があふれてきたら、即座に御恨み帳を開き、その感情を吐き出してください。

少しスッキリしたなと思ったら、再び感謝の手紙に戻って書き始めます。

でも、しばらくしたらまた怒りの感情がよみがえってくるかもしれません。そしたら、再び御恨み帳の出番です。

感謝しつつ、御恨みを吐き出しつつ。これを交互に行ううちに、あなたの心に最後まで残っていたネガティブな感情も、徐々に解放されていきます。

その空いたスペースには、感謝という「愛」が入っていきます。あなたの心は徐々に愛で満たされていくのです。

それこそが、この感謝の手紙の最大の恩恵です。

まとめ

自分を成長させてくれたことに感謝しましょう。
手紙は渡しても渡さなくてもOKです。

あなたの前にある幸せな未来

手放す気持ちを口にする

最後に行う「新しい世界へのイメージワーク」で、あなたはその人との間の鎖をほどき、抱きしめて感謝を伝え、そして新しい世界へ扉を開けて踏み出します。手放すものはその人ではありません。執着するあなたの心です。このためイメージワークの最後には、あえて「その人のいない世界」に足を踏み入れていきます。すぐにうまくできなくてかまいません。何度もイメージし、手放したあとの感覚に慣れていきましょう。その人を残して扉を閉めた直後に感じる気持ちです。

イメージの中で、あなたは次の言葉を言うことになります。

「あなたはもう自由です。
どこに行くこともできます。
ここにとどまることもできるし、どこかに行くことができます。
私はその選択を支持します。
あなたはもう自由です」

このとき行われるのは、あなたが**執着を手放す決意**です。

「この苦しい関係を終わりにしよう。相手への執着を手放して（つまり鎖をほどいて）、自由にしてあげよう」

これはあなたが決めたこと。

それはとても怖い選択ですが、愛からの選択です。もしあなたにまだ欲求が残っていたら、その人が逃げないように束縛し続けることを望むでしょう。しかしその人のため、そして自分自身のために、この鎖をほどくことがいちばんだとあなたは思ったのです。

鎖をほどいたあと

イメージの中で、あなたは勇気を出して、その人とあなたをつなぐ鎖をほどくことになります。

そんなことをしたら、その人は自分のもとを去ってしまう。そうあなたは思い込んでいました。

しかし鎖をほどいても、その人がそのまま居続けたとするならば、あるいは、いったん離れたとしても戻ってきてくれたならば、あなたは何を感じるでしょうか。

感じるのは、愛です。なぜなら、その人は縛られているからではなく、自分の意思であなたのもとにいることがわかったのですから。

でももし、イメージの中のその人があなたのもとを選ばなかったとしたら。

それはとても悲しくつらいことです。あなたは自分がしてきたことを責めてしまうかもしれません。

しかし、あなたは勇気をもって手放したわけですから、その人の選択を支持することができ、逆に、それくらい今まで相手が苦しかったことを慮《おもんぱか》ることができるでしょう。

鎖をほどくという「愛の行為」は、あなたをそれくらい成長させてくれるのです。その人にしがみついていた時代よりも、ずっとあなたは魅力的です。

そして何より、鎖をほどいたときの自由を、あなたは感じることができるでしょう。その人に執着している間、あなたは重い鎖をずっと握り続けていたのです。自由になった両手はとても楽で、あなたは体を起こします。視野が広がり、今までは気づかなかった景色に気づくこともできるでしょう。

執着を手放すと、そんな自由を感じることができるのです。

ぽっかりと空く心

イメージワークを行ったあと、スッキリしたり、心が軽くなったりすることが多いのですが、その一方で、無性に寂しくなったり、何か緊張の糸が切れてぼーっとなってしまったりもします。また、新たな怒りや悲しみがあふれ出てくることもあります。それで大丈夫です。そうした気持ちは御恨み帳に書き出してみましょう。

手放しが終わったとき、その人が心の中に占めている面積が広かった分だけ、ぽっかりと穴が空いた気分になることがあります。寂しさもあるでしょうが、むしろ何か手持ち無沙汰のような、気力を失ったような感じがするのです。

これは、あなたの執着するエネルギーがとても強かったから。執着を手放したことで、そのエネルギーが行き場を失ったのです。だからこの反応は、とても順調な証拠です。

そんなときは、心のままに過ごしましょう。手持ち無沙汰を埋めたいあまりに、焦って何かを始めたり何かに情熱を燃やそうとしたりするのは避けたほうがいいでしょう。無防備な心でそうすると、別の執着にとらわれることになりかねません。

ぽっかり穴が空いたままでいいのです。御恨み帳にその気持ちを書き出してもいいでしょう。

さあ、ページをめくって、その人を手放すイメージワークを始めましょう。

まとめ

古い世界で、その人に感謝を伝えましょう。
新しい世界で、ほんとうに大切な人に出会えます。

その人とあなたをつなぐ
鎖をほどき、新しい世界の扉を開きましょう

新しい世界へのイメージワーク

では、その人を手放すイメージワークを始めましょう。少し長くなりますが、頭の中で情景をイメージしながらお読みください。もしかすると涙があふれてしまうかもしれません。場所を選びましょう。

では、イメージの世界に入っていきましょう。

1 ▼目の前には、あなたが手放すことを決意したその人が立っています。

・その人は今、どんな表情をしている？
・その表情を見て、あなたは何を感じる？
・深呼吸をしながら、そのままの気持ちをただ感じてみましょう

2

▼その人との間にあったできごとがよみがえります。

・一緒に笑ったこと、幸せだったこと、楽しかったこと、つらかったこと、悲しかったこと、怒りを感じたこと、寂しかったこと、不安になったこと、どうしていいのかわからなくなったこと……

・一度本を閉じ、その思いを感じてみてください

3

▼ふと目を落とすと、ふたりの足が太い鎖でつながれているのが見えます。はじめは自由だったふたり。

・なのに、いつしか「執着」という名の鎖でつないでしまった……。

4

▼顔を上げて、その人の目を見ましょう。そして、声に出して宣言しましょう。

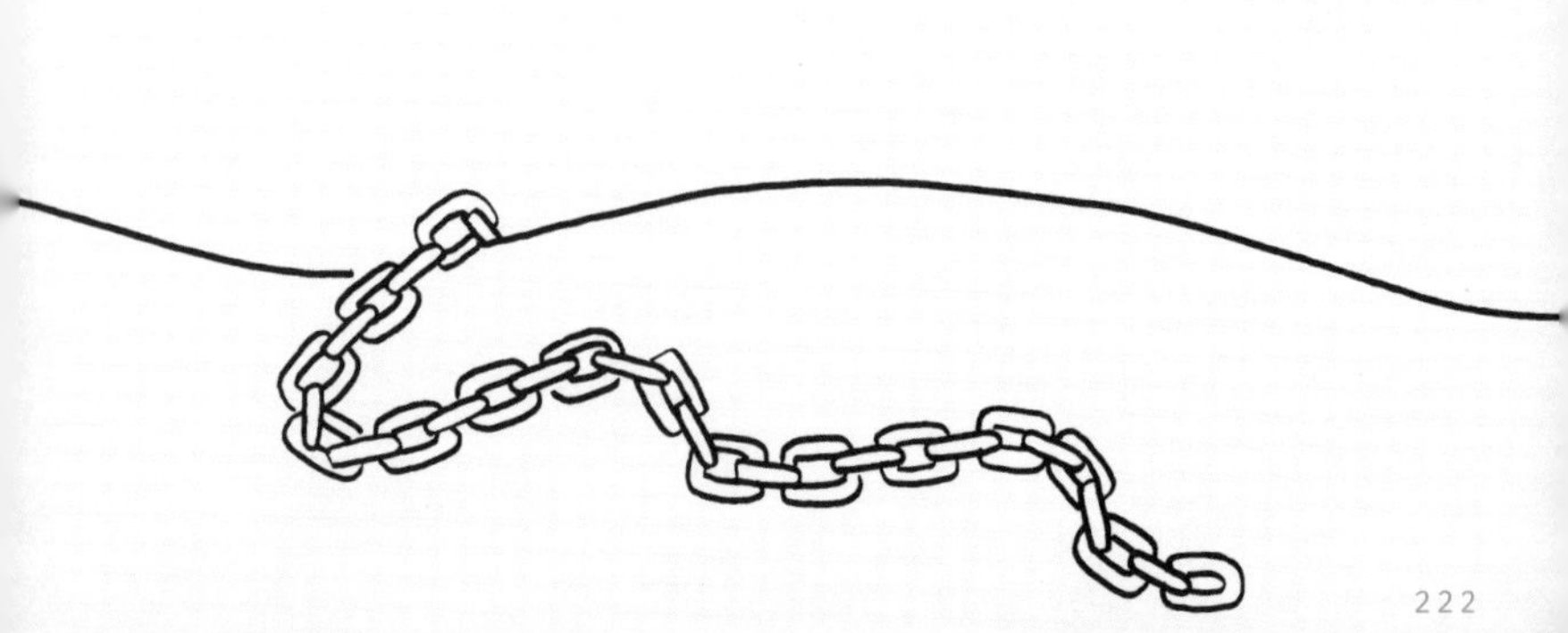

「今日、私はあなたを手放して自由になります」

5 ▼ 感謝の思いを伝えましょう。

「私と出会ってくれてありがとう」

「あなたが私の○○でほんとうによかった。

私があなたの△△でほんとうによかった。ありがとう」

・○○、△△には、あなたとその人との関係性を入れます。

たとえば○○＝母親、△△＝娘

・また本を閉じ、イメージのその人に向かって

「○○してくれてありがとう」と、伝えましょう。

6 ▼ 今、あなたが感じている気持ちを、もう一度感じてみましょう。

同時に、その人の表情を再び見てみましょう。

・先ほどと同じ？　それとも表情が変わった？

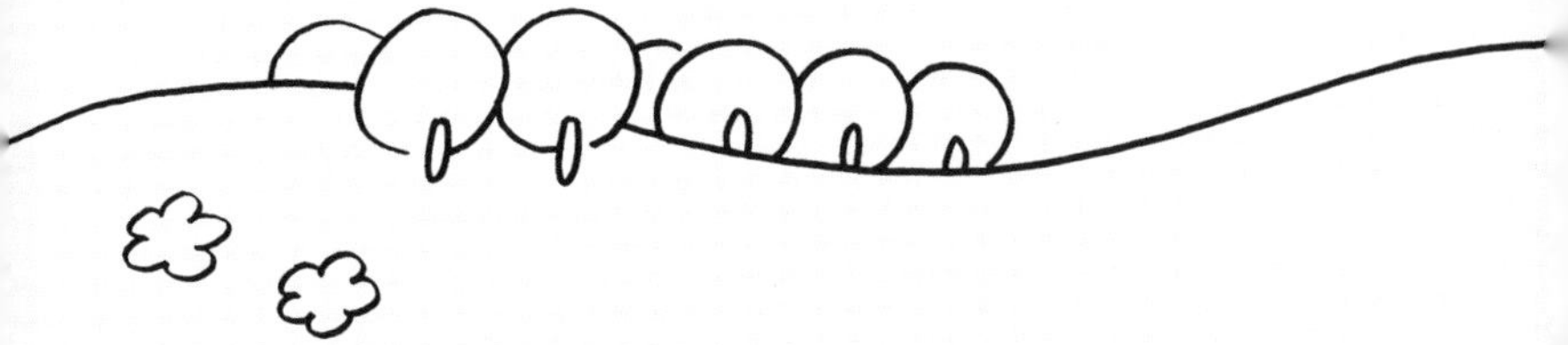

7 ▼ 一度深呼吸し、一歩踏み出します。そして両手を広げ、その人を優しく抱きしめましょう。

8 ▼ 腕の中で、そして全身で、その人を感じてみましょう。

・懐かしい匂い
・いつものあの感覚

9 ▼ 大きく深呼吸をして、先ほどの言葉をもう一度、その人の耳もとでささやきます。

「私と出会ってくれてありがとう」

「あなたが私の○○でほんとうによかった。私があなたの△△でほんとうによかった。ありがとう」

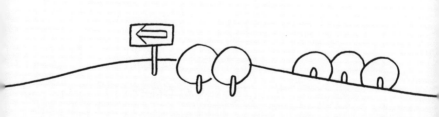

10
▼
ゆっくりその人から離れてみましょう。
・どんな気分がする?

11
▼
その気分を感じながら、再び目を下に落としましょう。
そこには、カギが落ちています。
ふたりの鎖をほどくカギです。

12
▼
そのカギを拾いましょう。
そして、鍵穴にカギを差してみてください。
カチャ。あなたとその人の足をつなげていた鎖が外れます。
これで、ふたりは再び自由の身になりました。

13
▼
その人の目を見て、こう伝えましょう。
「あなたはもう自由です。
どこに行くこともできます。

ここにとどまることもできるし、
どこかに行くことができます。
私はその選択を支持します。
あなたはもう自由です」

14
▼大きく深呼吸をして、一歩、後ろに下がります。
・少しだけ、その人を遠くに感じます

15
▼また一歩、また一歩、
その人からゆっくりと離れていきます。
・少しずつ、その人が遠ざかっていくように見えます

16
▼また一歩、また一歩……。ゆっくり深呼吸をし、
先ほどと同じセリフを遠いその人に聞こえるように
伝えましょう。

「私と出会ってくれてありがとう」

「あなたが私の○○でほんとうによかった。

私があなたの△△でほんとうによかった。ありがとう」

17
▼
その人に背を向けましょう。
・背中越しに気配が伝わってきます。
その人もあなたに背を向けたようです

18
▼
背を向けたまま、前に一歩踏み出しましょう。
・その人もまた前に一歩踏み出します。
ふたりの距離は少しずつ少しずつ遠ざかっていきます

19
▼
一歩、一歩、その人から離れていきましょう。
・背中越しに気配が伝わってきます
・その人の足音が少しずつ遠く、薄れていきます

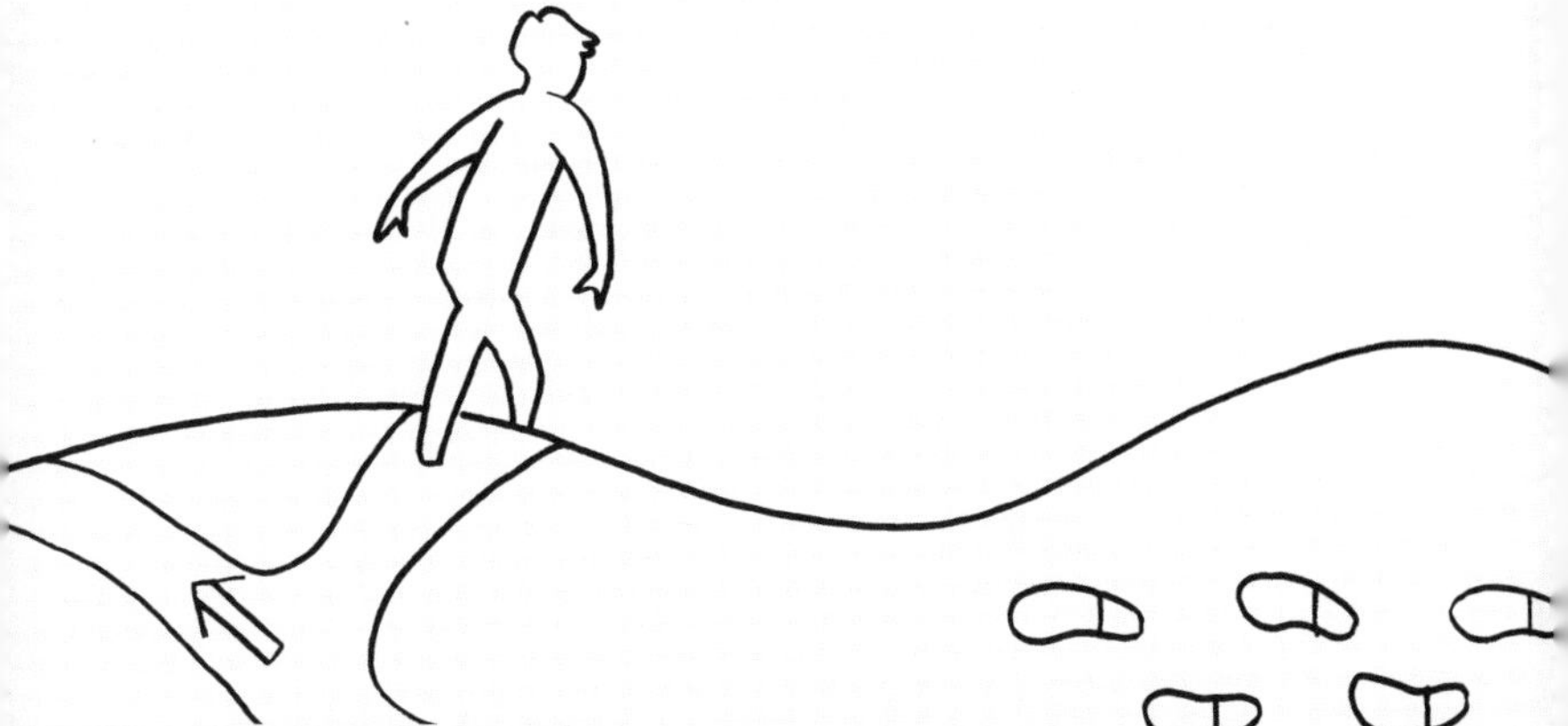

20

▼あなたは、その人を手放して、
自由な世界に向けて足を進めています。
その人もまた自分らしい、自由な世界に歩いていきます。
・一歩、一歩、あなたは未来に向けて歩いています

21

▼あなたの行く手に、白く大きな扉が見えてきます。
その扉に向かってゆっくりと歩いていきましょう。
・その扉の向こう側は、その人のいない「新しい世界」

22

▼扉のノブに手を掛けて、ゆっくりと手前に引きましょう。
開いた扉を抜け、後ろ手にその扉を閉めましょう。
カチャ。あなたが今までいた世界の扉が閉じられました。
目の前には新しい世界が広がっています。
・どんな世界に見える？
・閉じた扉に体を預けて、深呼吸をしましょう

23

▼前方から、あなたの大切な人たち（友人、家族、仲間）が
全員やってきました。
・笑顔であなたに近づいてきます
・いないのは、扉の向こうにある、もとの世界で別れた「あの人」だけ

24

▼大切な人たちはあなたを取り囲んでいます。
そのうちのひとりが、あなたをギューッと抱きしめてくれるでしょう。
・それは誰？

25

▼その人はあなたを抱きしめながら、こう伝えてくれます。
他の人たちも代わる代わるあなたを抱きしめ、
同じ言葉を投げかけてきます。
「よく頑張った。全部見ていたよ。
ほんとうにすばらしい決断だ。
だから忘れないで。あなたはひとりじゃないよ」

・その言葉を全身で感じながら、
大きく何度も深呼吸してください

26
▼ゆっくりと目を開けてください。あなたの目の前には、
どんな世界が広がっているのでしょうか。

・その景色は先ほどと変わっている?
・あなたは今、どんな気持ちを感じている?
・再び本を閉じ、深呼吸をしながら今の気分を味わってみてください

あなたは今、その人を手放して、新しい世界にやってきました。

手放せるほど愛せますか

あなたはその人がほんとうに大好きでした。だからこそ、ずっと一緒にいたいし、幸せになりたいと願っていました。しかし何かのかけ違いからその人とあなたの間に溝ができました。

何とかその人の心を取り戻したいと頑張るのですが、そのたびにその人は苦しみ、その状況があなたも苦しく、これから先どうしていいのかわからず、絶望的な気持ちになります。その人を失いたくなくて、ただしがみつき続けます。

でも執着が薄れたとき、あなたはふと思い至ります。

「大好きなあの人が幸せになるのなら、私がその横にいなくても、私があの人のことが好きであるなら、それでいいのではないか」

大好きなあの人のために、この手を放してもいい。
それはとてもつらい決意ですが、心には温かい気持ちが宿ります。

温かいのは、それが愛だから。あなたは欲求を手放して、愛を選んだのです。

きれいごとのストーリーに思えますか？　でも、とても大切な手放しと愛の物語なのです。

「私には無理」

今はまだそう思うかもしれません。ですから、あなたに「すぐにこれをやりなさい」と言うつもりはありません。ただ、ちょっと想像してみてもらいたいのです。

大好きな人を苦しめたくない、だから手放すことを選択する――そんなことができるのは、とてもとても強い人です。そして、とても魅力的で成熟した人間です。

あなたは、手放せるほどの愛を持っている人なのです。

［私の手放しワーク体験談②］

新しい世界で待っていた結婚相手
――麻衣さんの場合

不倫相手と母親への執着を手放した麻衣さんは、不倫関係を解消し、婚活も本格的に再開。ある婚活で知り合った男性に、会った瞬間「この人だ」と感じたそうです。職業欄に「医療関係」とのみ書いていたその人は、麻衣さんの父親と同じ医師でした。大学も父親と同じで専門分野も近く、さらには次男で実家には帰らなくていいとのこと。トントン拍子に話が進み、出会ってわずか1か月で結婚が決まりました。

麻衣さんがうれしかったのは、彼の勤務先が実家から数十分の距離であること。新居を実家の近くに持てるのです。

これには母親も大喜びで、いずれは実家を2世帯住居に建て替えて同居することも決まりました。しかもほどなくして、麻衣さんの妊娠がわかりました。その話の早さには、私も驚かされたものです。

［私の手放しワーク体験談③］

手放したら戻ってきた「お金さん」——誠さんの場合

妻に家計を任せる決心をした誠さんに、その後を伺ったところ、「妻に家計を任せた分仕事に打ち込めるのか、給料も上げてもらえたし、セッションを受けたあとの半年でずいぶん経済状況が変わりました」

どう変わったかというと、執着を手放し、誠さんの気持ちが楽になったちょうどそのころ、会社が株式上場をしたのだそうです。

「自社株を持っていましたので、一気に資産が増えまして。手放したら、もっといいかたちで戻ってきてくれたんですよね、お金さんは」

社の上場は誠さんが知らなかっただけで、以前から決まっていたとのこと。だからたまたまそういうタイミングだったのでしょうが、執着を手放すと、こうしたできごとがなぜかよく起こるのです。

私の気に入らない私

手放したい自分

「あなたは誰を手放しますか」アンケートの結果を151ページで紹介していますが、その中には他人やものでなく、「自分」をターゲットに選ぶケースも少なくありません。

・自分にダメ出しばかりしている自分
・人目を気にして、自分らしく行動できない自分
・私にはいい恋なんてできないと思い込んでいる自分

そんな自分を手放すとは、自分自身と対峙すること。自分の性格や価値観、感情な

ど、**自分自身の内面**（潜在意識）**を書き換える**プログラムになります。自己を客観視できていないと混乱しやすく、自分をいきなりターゲットにすることはあまりおすすめしません。

しかし一方で、自分を客観視し、自分の価値を認め、自分に感謝の思いを持つことができるメリットがあります。どちらかというと思考的なアプローチで、人によってはこちらのほうが合うかもしれません。

新しいノートを1冊用意し、そこに今からの実習を書き込んでいくことにしましょう。

1 準備 質問に答えて決意する

［1］対象を決める――どんな自分を手放すか

①「○○な自分を手放す」とノートに書く
②10回、口に出して言う

決めるという行為を通じて、これまでの思考パターンを断ち切る覚悟をします。

［2］理由をつける――なぜ手放す必要があるのか

①「○○だから」ポジティブなもの限定でノートに書き出す

時間をかけてでも、ポジティブな理由をたくさん見つけてください。心がわくわくするものが◎。手放しを「楽しいこと」ととらえる効果があります。

［3］目標を決める――どんな自分になっていたいか

①（そんな自分を）手放したあとの自分の姿を想像する

②「○○な自分を手放して、△△になります」とノートに書く

③10回、口に出して言う

△△になっている自分を、できるだけリアルに思い浮かべましょう。

2

受容

そんな自分である今を肯定する

① 最初に書いた「〇〇な自分を手放す」の脇に、「〇〇な自分でOK」と書き込む

② 「〇〇な自分」にハナマルをつける

③ 「〇〇な自分でOK。それが今の自分だから」と10回、口に出して言う

手放すスタートとして、「肯定的な思い」から始めるため。否定的な思いから始めるより、その後のプロセスがスムーズになります。

3

理解

そんな自分であることに納得する

［1］理由をつける——なぜそんな自分になったのか

① 「〇〇だったんだから、しかたない」と、理由を書く

犯人捜しをして罰するのが目的ではなく、あなたがこれまでの自分を肯定的に理解するのが目的です。真実を追求する必要はありません。肯定的な理由が見つかるほど、自己肯定感が高まります。

［2］メリットを見つける——そんな自分であるメリットは何？

①メリットをいろいろ考え、ノートに書き出す

「そのおかげで、こんないいことがあった」

(例) 友達の裏切りで人に心を開けず、ひとりぼっち

＝「ひとりでいたおかげで、誰にも裏切られないで済んだ」

②次の言葉を口に出して言う。

「〇〇な自分はとても役に立った。でも、その役割はもう終わり。私はこれを手放して、次のステージに向かうことにしよう」

メリットと向き合うと、そんな自分であることが「必要だった」と肯定的に受け入れられます。つまり、自分自身をもう否定しなくなります。

4
脱皮

新しい価値観をインストールする

[1] ヴィジョンをつくる――そんな自分を手放して、どんな自分に変えたいか

①もっとポジティブな自分をイメージする

②「△△な自分になったら、こんなふうに最高!」とノートに書く

ポジティブな答えを思いついても、心に「なんだかなあ」という反発がわくようならば、現実感がわく答えに書き換えたほうがよいでしょう。心をわくわく動かす答えこそが、ベストアンサー。

[2] 口癖にする――「△△な自分になったら、こんなふうに最高!」

①[1]で書いた言葉を日常的に言うようにする

(例) 駅まで歩くときは必ず言う、トイレに入ったら必ず言う、など

肯定的な言葉がけのことを「アファメーション」といい、何度もくり返し口にすることで、新しい価値観が潜在意識にインストールされます。3週間も経ったころには、

口癖になっています。

[3] 証拠を探す――「新しい価値観はこんなに正しい」

①正しいという理屈をあれこれつけて、ノートに書く

「○○の理由で、『△△な自分が最高である』というのは、正しい」

新しい価値観に論理的な肉づけをすることが目的です。古い価値観がずっと手放しやすくなると同時に、新しい価値観が今度は意識にインストールされます。

国語の問題のように「その価値観が正しいことを説明しなさい」ととらえるといいでしょう。

[4] モデルを見つける――新しい価値観に基づいて生きている人がいないか

①身近にいれば最高（有名人でも可）

②実際に会いに行って、リアルに感じる

③心の中で「師匠」と呼ぶ

心理学では「モデリング」と呼び、効果が実証されています。モデルに触れること

で、新しい価値観を自然と自分にインストールできます。

［5］ヴィジョンを鮮明にする――新しい価値観を取り入れた自分と過去を比べる

①どんな変化が起きるか、シーン別に考える

（例）仕事中に「新しい自分ならどう行動する？」と考える

買い物をしながら「新しい自分ならどれを選ぶ？」と考える

お風呂などで1日をふり返り、「こうすればよかったな」などの反省する気持ちが出てきたときに、「だったら、新しい価値観を取り入れた自分はどう思うだろう」と思い返してみるといいでしょう。

［6］ヴィジョンをリアルにイメージする――新しい日常をありありと想像する

①「新しい自分に完全に変化を遂げたある1日」を頭の中でイメージする

起床から就寝までをリアルにイメージします。今の自分とかけ離れているように感じても大丈夫。そういったイメージができるということは、新しい自分はすでにあなたの中に存在している証《あかし》です。

5
同化

新しい自分と友達になる

①新しい自分の姿をイメージする
②その自分ととりとめのない会話をする
(例)「休日はどんなふうに過ごす?」「仕事は楽しい?」「今の自分が好き?」
③その自分と未来志向の会話をする
(例)「来週のプレゼン、めっちゃ緊張するんだけど、どうしたらいい?」

「今度、友人に異性を紹介してもらうんだけど、どんな服を着て行ったらいいんだろう?」

「お母さんとまた喧嘩《けんか》しちゃった。ついついカッとなっちゃうけど、どうしたらいいと思う?」


新しい自分について、すでに日常生活のすみずみまでわかっています。新しい自分がどんな姿かを想像すれば、きっとひとりの人物が目に浮かぶでしょう。

新しい自分が根づけば根づくほど、未来志向の質問を投げかけたときに、肯定的で前向きで、かつあなたらしい答えが返ってきます。

＊＊＊＊

実習が終わっても、しばらくのうちは自分が変化したという実感がわかないかもしれません。でも、仕事でもプライベートでも、あなたの発言は変わってきています。ちょうど、イメージの中の新しい自分が返してくる答えのように。

そのことにまず気づくのは、あなたの周囲の人々、友人やパートナーです。彼らはきっとこう指摘してくるでしょう。

「いいこと言うな。なんか、きみ変わったね。何かあったの？」

この言葉が、動かぬ証拠。あなたは古い自分を手放し、新しい自分に変わったのです。

そこまで深刻じゃないけど自分を変えたいあなたに

紹介したアプローチは本格的で、あなたの潜在意識に大きな変化をもたらすものです。幼少期から身につけた感情や考え方のパターンを変え、人生そのものを変える方法と言えます。

しかしなかには、もっと軽いニーズもあるでしょう。「そこまで深刻じゃないんだけど」とか、「そんな昔からのことじゃないんだけど」とか。

この項では、よりシンプルな方法

「こんな自分はイヤだ」を手放す方法

1	「こんな自分はもうイヤだ」と思う自分を書く（小さいメモ用紙１枚に１つずつ）
2	そうちの１枚をランダムに選び、じーっと見つめる
3	そんな自分に起きたできごとや、そんな自分がもたらした厄災（とあなたが思っているできごと）を思い出す
4	「こんな自分を手放します！」と宣言し、そのメモ用紙をまるめてゴミ箱に捨てる
5	その後、大きく深呼吸します
6	書いたメモ用紙がなくなるまで、２～５のプロセスをくり返す

を紹介します。あなたの日常がより自分らしく生きやすくなることに活かしてもらえたらと思います。

最後に、あなたにひと言。

気づいていますか？

あなたは今、自分が少しずつ変わり始めていることに、きっと気づいているでしょう。

もう傷つくことはありません。

まとめ

あなたが必死でつかんでいるものを
手放すことで幸せはどんどん入ってきますよ。

根本裕幸（ねもと・ひろゆき）
心理カウンセラー。
1972年、静岡県生まれ。1997年より神戸メンタルサービス代表・平準司氏に師事。2000年、プロカウンセラーとしてデビュー。以来、20,000本以上のセッションと、年間100本以上のセミナーを行う。わかりやすさと軽妙な語り口、ユニークな視点の分析力で、つねに予約は3か月待ち。夫婦や男女、職場の人間関係の悩みを得意とする。カウンセラーとしてだけでなく、作家、講演家としても活動している。
『敏感すぎるあなたが7日間で自己肯定感をあげる方法』『つい「他人軸」になるあなたが7日間で自分らしい生き方を見つける方法』（ともにあさ出版）、『人のために頑張りすぎて疲れた時に読む本』（大和書房）、『いつも自分のせいにする罪悪感がすーっと消えてなくなる本』（ディスカヴァー・トゥエンティワン）ほかヒット著書多数。
オフィシャルブログ
https://nemotohiroyuki.jp/

「もう傷つきたくない」あなたが
執着を手放して「幸せ」になる本

2020年 4月7日　第1刷発行
2024年11月8日　第6刷発行

著　　者――根本裕幸
発 行 人――川畑 勝
編 集 人――滝口勝弘
企画編集――浦川史帆
発 行 所――株式会社Gakken
〒141-8416
東京都品川区西五反田2-11-8
印 刷 所――中央精版印刷株式会社

《この本に関する各種お問い合わせ先》
●本の内容については、下記サイトのお問い合わせフォームよりお願いします。
https://www.corp-gakken.co.jp/contact/
●在庫については☎ 03-6431-1201（販売部）
●不良品（落丁、乱丁）については☎ 0570-000577
学研業務センター
〒354-0045 埼玉県入間郡三芳町上富279-1
●上記以外のお問い合わせは☎ 0570-056-710（学研グループ総合案内）